Manuscrit Scolaire

ou

Lectures Graduées

d'Écritures diverses

à l'usage

des Écoles primaires, des Classes élémentaires & des Cours d'Adultes

par

A. J. Viaud

Inspecteur de l'Enseignement primaire à Lyon,
Lauréat de la grande Exposition de 1867,
Officier d'Académie.

Lyon

Ch. Palud, Libraire de l'Académie & des Écoles

Rue de la Bourse, 4

Tout exemplaire de cet ouvrage non revêtu de ma griffe sera réputé contrefait.

B. J. Viaud

Première Partie.

Préceptes et Devoirs. Connaissances diverses

Les anciens Manuscrits scolaires.

1re Leçon.

Autrefois, il n'y a pourtant pas de cela très-longtemps, il n'existait point de livres manuscrits à mettre entre les mains des enfants.

Chaque élève assez avancé pour lire dans les papiers ou dans les actes (expression consacrée) apportait un vieux titre, une expédition de jugement ou d'acte quelconque, c'était là son manuscrit.

Il se trouvait de ces grimoires

écrits en bâtarde, mais non en cette belle et bonne bâtarde si éminemment française, qui devrait être notre écriture nationale, et qu'on a abandonnée bien à tort pour la cursive; d'autres écrits en coulée; enfin, il y en avait en une écriture mixte, empruntant le caractère des deux précédentes.

La première n'offrait de difficultés sérieuses que lorsqu'elle était négligée ou écrite trop précipitamment ou par une main inhabile.

C'était par cette écriture que débutaient ordinairement les commençants.

Je dis ordinairement, car nos apprentis lecteurs dans le fac-simile n'avaient pas toujours en leur possession un acte écrit en ce genre.

2e Leçon.

La coulée, seconde sorte d'écriture de ce temps là, était aussi très-employée.

Elle ne différait pas énormément de la bâtarde, mais elle avait le défaut d'être trop penchée et de laisser se méprendre sur les lettres droites intérieures telles que m. n. u. qu'on pouvait très-facilement confondre ensemble et qui, rapprochées n'offraient à l'œil qu'une suite non interrompue de jambages exactement semblables.

Cette écriture, lorsqu'elle n'était pas bien soignée, devenait presqu'impossible à lire; mais c'était bien autre chose lorsque le morceau de lecture affectait le caractère mixte et que le scribe y faisait entrer des traits et des formes de lettres que son caprice seul lui suggérait ; l'écolier avait alors devant les yeux de véritables hiéroglyphes indéchiffrables.

Aujourd'hui, mes enfants, vous n'avez plus de pareilles pages entre les mains ; on vous donne de vrais livres manuscrits, dans lesquels on a calqué les écritures difficiles des anciens actes, puis on a gradué les leçons selon les difficultés qu'elles peuvent présenter, ce qui était, pour le temps dont je viens de vous parler, tout à fait impossible à faire, comme vous devez bien le penser.

Avant l'introduction des livres manuscrits dans les classes, il fallait passer plusieurs heures par jour à étudier, disons le mot, à déchiffrer la leçon donnée.

Peine et temps perdus le

plus souvent, car au moment d'aller lire, l'élève ignorait les premiers mots de son grimoire.

3e Leçon.

Ce fut donc une bien heureuse innovation que l'introduction des manuscrits dans les écoles primaires.

C'est à elle qu'on doit le secret du progrès qui se manifesta, dès ce moment, dans ce genre de lecture.

Chaque enfant eut le même ouvrage et la même leçon qu'il put préparer; car, bien que nouvelle, cette leçon avait forcément quelque ressemblance de forme avec celle qu'il avait précédemment lue.

Quant aux maîtres, ils furent amenés à substituer, au mode individuel, le mode mutuel, puis le mode simultané-mutuel, système dont notre enseignement a retiré depuis les plus précieux comme les plus incontestables avantages.

Malgré l'uniformité des lettres de notre écriture cursive, il est facile de comprendre que les écritures ne sont pas toutes identiques et qu'il y a des genres bien différents.

Les unes sont très-inclinées, les autres presque droites ; celles-ci affectent des formes rondes ; celles-là des formes pointues ; d'autres sont maigres, pleins et liaisons se ressemblent.

Enfin, il y en a de très-grasses ou de très-lourdes, comme vous voudrez, et même on en rencontre dont les liaisons sont plus fortes que les pleins.

Cette diversité a fait que la lecture des manuscrits est forcément entrée dans notre programme classique.

4e Leçon.

Vous comprenez bien que cette différence dans la confection d'un écrit, lettre ou acte, a dû rendre chez tout individu, la lecture des manuscrits indispensable ; il faut tout au moins pouvoir lire la note qu'on vous adresse ou que vous envoyez, et pour y répondre, n'est-il pas vrai qu'il faut en connaître le contenu ?

Mais il ne s'agit point ici de vous démontrer l'utilité de cette branche de notre programme, et ce n'est point cette tâche là que j'ai entreprise en vous parlant des manuscrits.

J'ai voulu tout simplement vous mettre

en garde contre l'idée absurde de quelques gens qui prétendent que l'écriture est une partie très secondaire dans l'éducation et qu'on sait toujours assez bien écrire.

Mon but sera donc atteint si vous faites raison de ce préjugé ridicule qui, heureusement ne trouve plus guère d'échos nulle part.

Il ne suffit pas, à notre époque, de faire sa croix en guise de signature, et les descendants de nos grandes familles savent aujourd'hui signer autrement qu'avec le pommeau de leur épée.

Qu'on cherche bien un seul métier ou une seule position dans laquelle une bonne écriture ne soit pas utile, qu'on trouve, si l'on peut, une seule maison qui ne demande pas à ses employés une belle main; qu'on découvre un seul emploi quelque modeste qu'il soit, où l'écriture n'ait pas un rang des plus marqués.

Une belle écriture, toute conforme aux règles de l'art (simplicité, uniformité, rapidité et lisibilité), est une clef qui ne se rouille jamais dans la main de son possesseur; c'est une sorte de passe-partout qui ouvre la porte de toutes les administrations.

5.e Leçon.

Donnez donc, mes enfants, tous vos soins à l'écriture, non seulement à la calligraphie, mais aussi et surtout à l'expédiée.

Ce n'est pas assez de bien écrire en allant lentement, il faut bien écrire en allant vite; si vous n'arrivez point à ce résultat, vous ne savez pas écrire.

Permettez-moi, avant de clore ce chapitre, de vous donner quelques conseils qui, bien compris et bien retenus, vous amèneront assurément à une belle et bonne expédiée, le premier et le plus indispensable genre d'écriture.

1.° Faites tous vos efforts pour arriver à la régularité dans la hauteur du corps d'écriture, dans la longueur des lettres extérieures, dans la pente, dans la distance entre les mots et entre les lettres d'un même mot.

On est généralement convenu de prendre l'm, dans chaque genre d'écriture pour largeur séparative des mots.

2°. Bannissez tous les traits inutiles qui surchargent l'écriture et ne font après tout qu'embarrasser l'œil.

3°. Donnez aux majuscules, qu'on est toujours tenté de tracer d'une grandeur démesurée, la hauteur ou la longueur même des lettres bouclées.

4°. Tenez fermement à ce que l'écriture ait un caractère soutenu, et qu'en expédiée surtout, la dernière lettre de chaque mot soit toujours la mieux écrite.

5°. Enfin rappelez-vous que la propreté est le luxe et le véritable ornement d'une page d'écriture.

Devoirs des Enfants envers leurs Parents.

6e. Leçon.

C'est à vous, jeunes enfants, qui êtes encore sur les bancs de l'école, que je m'adresse.

Vous n'avez pas oublié avec quelle bonté votre mère vous a prodigué tous les soins que réclamait votre débile enfance.

Vous voyez avec quelle tendresse, quel zèle votre père et votre mère s'occupent de former votre raison, de vous donner des connaissances, de prévenir en vous les défauts et les vices, et, par contre, d'y faire naître les qualités et les vertus, montrez-leur l'amour le plus tendre, le respect le plus profond, la reconnaissance la plus active.

Que vos regards, vos caresses et vos actions expriment ces sentiments.

Cherchez à deviner ce que votre mère desire de vous; que votre volonté suive la sienne, quand elle ne l'a pas devancée.

Observez quelles sont, par rapport à vous, les intentions de votre père et conformez-y votre conduite.

Leur autorité fut nécessaire à l'inexpérience de votre enfance, elle est necessaire à l'impétuosité de votre jeunesse.

Craignez surtout l'esprit d'indépendance, ô mes enfants, il fait les fils ingrats !

7.e Leçon.

Vos parents n'ont pas le droit de vous commander l'injustice ; mais ils ne peuvent en avoir la volonté, ils vous aiment.

Ils ont été dans votre enfance la source de toutes vos joies ; ne les affligez pas en restant sans vertus.

Ils ont travaillé pour votre subsistance ou pour votre fortune, il est temps de travailler pour eux.

Ce fardeau que porte votre père, et dont vous pouvez le soulager, pèsera sur le reste de votre vie.

Si vous ne vous acquittez pas de la dette immense que votre enfance a contractée avec votre père et votre mère, vous encourrez l'aversion de tous ceux qui sont honnêtes parmi les pères, les mères et les enfants.

Enfin si Dieu vous permet d'arriver à l'âge mûr et vous accorde le bonheur de conserver un père et une mère, prêtez encore une oreille attentive à ces dernières prescriptions.

La nature a marqué deux moments dans la vie [illegible] l'homme n'existe que par les autres : l'enfance et la vieill[illegible]

Dans la vieillesse de vos parents, souvenez-vous de votre enfance.

Devinez leurs besoins ; n'ont-ils pas deviné les vôtres ?

Sachez, s'il le faut, vous priver de vos plaisirs pour leur procurer l'aisance.

L'expérience du passé leur apprit à deviner l'avenir ; confiez-leur vos projets.

Respectez leur opinion lors même qu'elle n'est pas conforme à la vôtre.

Ils ont des défauts, oubliez-les ; ils ont de l'humeur, attendez le retour de leur tendresse; ils vous parlent avec sécheresse, pardonnez-le à leur âge.

Le contentement prolonge la vie, rendez-les contents.

Est-il pour un fils un spectacle plus doux que le sourire de la reconnaissance sur les lèvres d'un père ou d'une mère ?

Honorez vos parents, mais comme la Divinité, en apportant à leurs pieds du zèle et de la vertu.

Dieu et l'Homme

8e Leçon.

Une puissance supérieure a produit les premiers hommes, les premiers animaux et les premières plantes.

Elle à été conduite par une sagesse sans bornes : le ciel et la terre nous le disent tout haut, n'est-il pas vrai ?

Qui de nous serait capable de produire un seul brin d'herbe ?

Cette merveilleuse puissance est pleine de bonté : partout des bienfaits et des attentions pour nous.

Elle nous a placés sous le dais magnifique des cieux et au milieu de beautés sans nombre.

Toutes ces plantes et tous ces animaux divers elle les a faits pour notre usage.

Elle a fourni à nos jouissances comme à nos besoins ; il ne s'agit que de nous partager ses dons en bons frères et de nous aider mutuellement.

Nous ne voyons pas de nos yeux l'Auteur de notre vie et de toutes choses.

Il est un esprit invisible comme l'âme de l'homme.

En revanche, nous voyons ses œuvres grandes, belles, étonnantes.

Nous pouvons y voir à loisir sa puissance, sa sagesse, sa touchante bonté.

Ne laissons passer aucun jour sans lui adresser nos hommages, nos remerciements.

Sans cela nous nous abaisserions au niveau de la brute stupide.

Elle est tout à fait pardonnable dans son ignorance.

Nous ne le serions pas dans notre honteux oubli.

Influence de la Propreté sur la Santé.

9e Leçon.

Tout le monde reconnaît que la santé est le premier des biens, et presque tout le monde néglige les soins que demande son entretien.

Parmi les conditions indispensables pour nous maintenir dans la jouissance d'un bien si précieux, il en est trois principales : l'exercice, la sobriété, la propreté.

La propreté, troisième condition de la santé, ne paraîtra pas la moins importante pour qui sait en apprécier les effets.

Purifier la surface du corps de toutes les émanations secrètes de l'intérieur ; la préserver de toute souillure extérieure ; la garantir de tout contact nuisible : tel est le but de la propreté.

Préservatif le plus sûr contre toute espèce de contagion physique, elle exerce encore une puissante influence sur le moral

Elle annonce l'amour de l'ordre, le respect de soi-même et des autres ; elle mène à la régularité de la conduite, à la décence des moeurs.

Elle n'est pas seulement une qualité, elle est une vertu, en ce qu'elle facilite la pratique de toutes les autres.

En effet, la propreté conduit à l'ordre, l'ordre amène l'économie, et celle-ci donne l'aisance, encouragement de toute vertu.

Le défaut de propreté est une des causes les plus actives des maladies, n'amena-t-il à sa suite que le dégoût, c'en serait assez pour l'éviter.

On s'accoutume à la laideur, mais le coeur bondit et se soulève à l'aspect d'un être hideux de saleté

Jeunesse, grâce, beauté disparaissent sous la crasse ; et si l'on peut encore les apercevoir sous cette sale enveloppe, on regrette de les trouver en aussi mauvaise compagnie.

10e Leçon.

Les soins qui exige la propreté doivent s'étendre de la personne à tout ce qui la nourrit, l'approche, l'environne, et comprendre en conséquence les aliments, les vêtements, l'habitation et jusqu'à l'air que l'on respire.

Quoique différents selon l'âge, le sexe, les conditions, les travaux, les habitudes des individus, ils sont néanmoins également faciles pour tous ; ils n'exigent aucune peine, aucune dépense, aucune perte de temps, et on pourrait à ce sujet répéter un mot de Henri IV : « Je ne sais, disait-il, comment on peut se dispenser d'honnêteté et de propreté, lorsqu'il ne faut qu'un verre d'eau pour être propre, qu'un coup de chapeau pour être honnête. »

La première chose à faire, lorsqu'on est sorti du lit, est de se laver le visage à l'eau froide, quelque rigoureuse que soit la température.

C'est même un excellent préservatif contre le froid, auquel on serait bien plus sensible si on s'était servi d'eau tiède.

La chevelure, ornement et abri de la tête, exige des soins tout particuliers.

Le cheveu est un tuyau rempli d'une sorte de moëlle ou substance grasse et onctueuse qui croît dans le tissu graisseux placé sous la peau.

Celui-ci s'imprègne encore à l'extérieur d'une partie grasse provenant de l'huile animale ; quoiqu'insensible, il jouit d'une sorte de vie végétative, puisqu'il repousse après avoir été taillé, qu'il change de couleur avec l'âge, et qu'il est sujet à la maladie hideuse qu'on nomme *plique*, dont quelques peuples, entr'autres les Polonais, sont affectés, et qui, comme tant d'autres maux, parait avoir sa source dans la négligence et la malpropreté.

La taille fréquente des cheveux

facilite l'écoulement de la lymphe qui les nourrit, et de l'huile qui les conserve.

Le peigne et la brosse nettoient aisément la tête, où d'ailleurs la vermine ne trouve plus de repaires.

Un des premiers soins est d'enlever, à l'aide de ces instruments, les écailles de l'épiderme, lesquels se détachent en plus grande quantité du cuir chevelu que de toute autre partie du corps.

Ce procédé a, en outre, l'avantage d'activer la circulation du sang et la sécrétion des humeurs.

On essuie ensuite les cheveux avec un linge sec ou une flanelle pour en ôter le suint; mais il faut se garder de laver la tête à l'eau froide, qui, arrêtant tout à coup la transpiration, occasionnerait des fluxions, des maux d'yeux, de dents ou d'oreilles.

Si cependant cette transpiration était forte, la matière huileuse abondante, on pourrait mélanger un peu d'eau et d'alcool, s'en frotter la tête avec la main et s'essuyer immédiatement.

On peut employer au même usage l'écume du savon, pourvu que l'on se couvre la tête après, jusqu'à ce que les cheveux soient secs.

Sans cette dernière précaution on s'exposerait aux différents dangers que nous avons attribués plus haut à l'emploi de l'eau froide, et qui seraient les moindres que l'on pourrait redouter dans cette circonstance.

11e Leçon.

Les organes de la vue, de l'ouïe, du goût et de l'odorat demandent des soins particuliers pour leur entretien et pour l'exercice régulier de leurs délicates fonctions.

L'œil doit, au réveil, être lavé et mondé de la chassie qui se forme pendant le sommeil.

L'eau la plus fraîche est la meilleure pour cette lotion.

On peut y joindre quelques gouttes d'eau-de-vie, dans la proportion d'un dixième au plus, quand l'humeur purulente est trop abondamment sécrétée.

Un des premiers soins qu'exige l'oreille est de passer un linge sec entre elle et la tête, et d'enlever l'humidité produite par la transpiration nocturne.

Cette humidité répercutée, se reportant sur

les maxillaires, occasionne des fluxions et des maux de dents, dont on se garantit le plus souvent par cette simple précaution.

Pour approprier extérieurement l'oreille, il faut, après l'avoir lavée, en essuyer exactement tous les plis, où la saleté est à l'abri de soins trop superficiels.

Le nez, organe de l'odorat, est destiné à plusieurs fonctions importantes; il n'est pas seulement chargé de transmettre au cerveau les plus subtiles émanations des corps, il sert encore puissamment à la respiration; il aspire l'air et le rend à chaque instant; au moindre obstacle, il est inhabile à cet emploi; la bouche alors est obligée d'être constamment ouverte, la voix devient sourde et étouffée.

On ne peut donc prendre trop de soins pour entretenir continuellement cet organe dans le plus grand état de propreté.

De toutes les parties de la face, la bouche est celle dont les fonctions exigent des soins de propreté les plus étendus.

C'est par elle que l'air s'introduit dans les poumons & la nourriture dans l'estomac; que s'exhalent les matières expectorées et l'humeur de la transpiration pulmonaire.

C'est elle qui sert à rendre nos pensées; à exprimer nos désirs & nos besoins, à communiquer avec nos semblables; c'est par son moyen que s'exécutent les plus nobles et les plus agréables fonctions de l'existence, que de motifs de s'en occuper.

La première opération que demande l'entretien de la bouche, est de la laver intérieurement & extérieurement en d'enlever, à l'aide d'une brosse douce, le tartre dont les dents se recouvrent pendant le sommeil.

La denture n'est pas seulement l'ornement de la bouche, elle est l'instrument de la mastication, premier acte de la nutrition, sans lequel les aliments, engloutis par morceaux dans l'estomac, y subiraient difficilement & imparfaitement leur première décomposition.

On devrait, à l'issue de chaque repas, se rincer la bouche avec soin.

Lorsque la langue est chargée de mucosités, il est bon de l'en dégager avec une lame flexible, et de l'essuyer ensuite avec un linge blanc.

Le cou, pivot de la tête, et à l'aide duquel elle exécute les mouvements qui lui sont propres, doit être lavé chaque jour comme une des parties qui se crassent le plus facilement.

Les aisselles, sans cesse humectées par une forte transpiration, ne peuvent être négligées : il suffit de les bien essuyer : en les lavant à l'eau froide, on s'exposerait à arrêter la transpiration.

Les bras, utiles instruments, doivent être essuyés, frottés, agités, pour entretenir leur force & leur souplesse.

Les mains, continuellement en contact avec tous les corps & toutes les substances, sont susceptibles de s'imprégner de toute espèce de souillure qu'elles reportent sur nous et au-dedans de nous, si nous négligeons de les purifier.

Lors donc qu'elles ont touché quelque chose d'impur, il faut se hâter de les laver à grande eau.

La propreté des mains et des doigts est d'autant plus essentielle que c'est par eux que les aliments sont préparés, que le pain, la viande, le beurre sont manipulés avant de servir à notre nourriture.

Le tronc, ou corps proprement dit, ne peut être convenablement nettoyé que par le bain, auquel on peut toutefois suppléer par une lotion générale à l'eau tiède, lorsqu'il est contraire à la santé.

12e. Leçon.

Les parties inférieures n'ont pas moins besoin que les supérieures des soins de propreté.

Si la vue n'est pas frappée, l'odorat en est désagréablement affecté.

Destinées à supporter le poids du corps, et à le transporter d'un lieu à l'autre, leur action est pour l'homme un besoin de tous les instants, et la suspension de leurs mouvements une véritable affliction.

Lorsque, après une longue marche, on se sent les jambes arraidies, il faut les frotter avec une flanelle ou une brosse douce...

On apaise ainsi l'irritation des nerfs, et l'on distend les fibres gonflées par la fatigue.

Les pieds transpirent comme les autres parties du corps, souvent plus qu'aucune d'elles.

Placés au point le plus bas, ils reçoivent une partie des matières exhalées par les membres les plus élevés; ces matières s'amassent entre les orteils, deux motifs impérieux de tenir les pieds propres.

Des chaussures, longtemps imprégnées d'une odeur nauséabonde, occasionnent des cuissons, des gerçures, des excoriations d'une guérison difficile.

Un bain de pieds par semaine suffit pour entretenir la propreté de ces membres chez les personnes qui fatiguent et transpirent peu; mais pour les hommes obligés à de longues courses, à des marches forcées comme les voyageurs, les chasseurs, les militaires, ils feront bien de les laver chaque soir avec un peu d'eau de vie.

Quelque incommodité que l'on ressente de la sueur immodérée des pieds, il faut se garder de l'arrêter; sa suppression entraîne de fâcheux inconvénients.

Il peut en résulter la perte de la vue et de l'ouïe; la poitrine en est toujours particulièrement affectée, et l'on conçoit que les désordres les plus graves peuvent se produire.

Par quelque cause que cette suppression arrive, il faut se hâter de rappeler la transpiration par des bains de pieds aiguisés de sel et de moutarde.

L'humidité des pieds n'est pas moins nuisible; et, pour s'en préserver, on ne doit pas, dans les temps pluvieux, porter des chaussures à semelles trop minces.

Lorsqu'on se sent les pieds mouillés, il faut changer de chaussures le plus tôt possible; et si l'humidité a été conservée longtemps, on aura recours aux moyens qui viennent d'être indiquées, pour se garantir des suites qui pourraient en résulter.

Enfants, retenez bien ces conseils et ces prescriptions, et rappelez-vous que la propreté du corps réfléchit presque toujours celle de l'âme.

Des Bains.

13e Leçon.

L'usage des bains remonte à la plus haute antiquité, et semble la conséquence d'un instinct naturel à l'homme qui le poufse à se plonger dans l'eau, pour débarrasser la peau des impuretés qui ont pu s'y accumuler. Les premiers habitants du globe paraifsent avoir occupé les pays chauds, aufsi l'usage des bains a-t-il dû s'établir plus facilement dans des contrées où la haute température augmente la sécrétion cutanée, et où le besoin de s'en débarrasser se faisait le plus fréquemment sentir. Les bains sont tellement indispensables, que la plupart des religions antiques les ont recommandés comme obligatoires et qu'ils font partie de l'hygiène de tous les peuples.

Les bains dont on a d'abord fait usage consistaient dans de simples immersions dans les eaux naturelles. Plus tard on employa l'eau tiède.

Ainsi à Rome, au temps de la république, le peuple se baignait dans l'eau du Tibre, les bains tièdes étant seuls employés chez les riches. Les grands personnages tels que Cicéron, Pline avaient organisé des bains domestiques.

Les premiers bains publics sont dus à Mécène. Après lui ils se multiplièrent, et le luxe le plus grand y fut déployé.

La disposition intérieure des bains des Grecs et des Romains était fort compliquée.

L'usage des bains régna dans toute l'antiquité, et, de nos jours les peuples de l'Orient et du Midi ont conservé dans la construction de leurs bains des habitudes qui rappellent celles des Romains.

Les Egyptiens, les Arabes, les Mahométans des divers pays ont toujours donné un grand soin aux bains et aux établissements dans lesquels on les prenait.

Dans nos climats tempérés, pendant le moyen âge, qui vit se perdre tant de bonnes coutumes et pendant lequel la civilisation recula, l'usage des bains se perdit en partie.

Depuis deux à trois siècles, cet usage devient de plus en plus général, et le nombre des établissements publics qui y sont consacrés augmente d'année en année.

Des Habitations chez tous les Peuples.

14e. Leçon.

L'homme, dès les premiers temps de la création, a dû songer à s'abriter contre les intempéries de l'air, et s'il a d'abord choisi pour demeure les troncs d'arbres, les cavernes, les excavations naturelles, il n'a pas tardé à en reconnaître l'insuffisance, et il a cherché à se créer artificiellement des abris plus commodes et plus sûrs. Il en est résulté les premières habitations privées, qui ont beaucoup varié suivant le climat et le degré de civilisation auquel l'homme est successivement parvenu.

Dans les climats chauds, il est encore certaines peuplades (en Abyssinie) qui prennent pour habitation des troncs d'arbres.

Les peuples nomades ont des demeures essentiellement mobiles. Les Arabes logent sous des tentes portées sur cinq ou six piquets plantés en terre et faites en poil de chèvre ou de chameau : leur famille entière y est logée, et un rideau placé dans l'intérieur sépare les deux sexes.

Les Tartares ont des huttes faites de bois ou d'osier recouvertes d'un feutre épais et souvent de mortier. En haut est un trou rond destiné à laisser passer la fumée. Ces huttes se transportent sur des chariots traînés par des bœufs que les Tartares suivent à cheval.

Dans la plupart des contrées occupées par des peuples sédentaires, les premières habitations ont consisté dans des cabanes formées avec des arbres ou des poutres enfoncées en terre et alignées au plafond ; les intervalles étaient remplis de branches et d'un mortier épais formé de terre argileuse imperméable.

Les sauvages de l'Amérique et les Nègres de l'Afrique logent dans des huttes de formes diverses, percées d'un trou à la partie supérieure, destiné au passage de la fumée ; leur réunion forment des villages qu'ils entourent de palissades en bois.

Les Groënlandais occupent des maisons cimentées de terre ou de gazon, recouvertes de solives, de broussailles et de matière tourbeuse, le tout souvent mélangé de blocs de glace.

Les Egyptiens, dans leur antique civilisation, construisaient dans leurs villes des habitations mêlées de jardins, où l'on trouvait toutes les commodités de la vie et tous les raffinements du luxe.

D'après Vitruve, les Grecs et les Romains étaient parvenus à donner à leurs habitations les caractères de luxe et de commodité que les modernes leur pourraient envier.

Races ou Variétés différentes de l'Espèce humaine.

15.e Leçon.

Les nations diverses qui couvrent la surface du globe, considérées dans les individus qui les composent, sont loin de se ressembler. Il y a des types ou des caractères de conformation extérieure qui sont particuliers à certains peuples et qui n'existent pas chez d'autres. Il en résulte ce qu'on est convenu d'appeler les variétés ou les races différentes de l'espèce humaine.

Combien existe-t-il de ces races ou variétés? C'est une question qui divise encore les anthropologistes, et il règne à cet égard deux opinions principales: la première, qui a été admise presque exclusivement jusqu'à ces derniers temps, est celle qui se trouve conforme à la Genèse: en voici le résumé:

Il n'a existé qu'un seul type primitif, qu'un seul berceau par conséquent pour l'espèce humaine. Les hommes, semblables les uns aux autres dans les premiers temps, ne sont pas toujours restés tels, et lorsqu'ils sont venus à se disperser dans les diverses régions du globe, ils y ont pris des caractères nouveaux et différents, en rapport avec les conditions climatériques nouvelles auxquelles ils étaient soumis. Une fois acquis, ces caractères ont pu ensuite être transmis à leurs descendants par voie d'hérédité. C'est ainsi que sont nés les types ou les races différentes constituées par les individus ayant une conformation, des caractères physiques et un type physiologique adaptés aux climats qu'ils habitent.

Les anthropologistes qui adoptent cette opinion reconnaissent quatre races principales, dans chacune desquelles ils admettent un certain nombre de variétés ou de rameaux:

1°. La race blanche ou caucasique.
2°. La race jaune ou mongolique.
3°. La race rouge ou américaine.
4°. Et la race noire ou africaine.

Existence de Dieu

prouvée par les Merveilles qu'offre le Spectacle de l'Univers.

16e Leçon.

Le monde est plein de merveilles qui se produisent à nos yeux avec une profusion infinie. La terre, en effet, avec ses montagnes gigantesques, ses plaines fertiles, ses lacs et ses rivières fécondes, la mer avec son immensité, son mouvement régulier, ses vagues écumantes et ses monstrueux habitants, le Ciel avec ses globes lumineux, immenses, innombrables, n'offrent-ils pas chaque jour, à notre admiration, les plus magnifiques beautés et les harmonies les plus ravissantes !..... Que dis-je? l'alternative régulière des saisons, ou seulement l'œil d'un roitelet et l'aile d'un papillon, ou même la plus simple des fleurs qui s'épanouissent dans nos bois, offrent à nos réflexions, comme à nos regards, une suite d'admirables merveilles.

Et ces merveilleux ouvrages ne proclament-ils pas une cause toute puissante et créatrice? ne disent-ils pas, dans leur éloquent langage, que c'est Dieu qui les a faits? Car apparemment nous ne serons pas tentés de supposer, comme l'athée, que ces merveilleux ouvrages se sont faits eux-mêmes. Ainsi, quand nous voyons un tableau, nous en concluons un peintre qui l'a fait: quand nous voyons une statue, un palais magnifique, nous en concluons qu'un statuaire, qu'un architecte habile ont fait ces chefs-d'œuvre, par la raison qu'il n'y a pas d'effet sans cause.

N'y aurait-il donc que pour les merveilles que nous offre le spectacle du monde que nous serions tentés de raisonner autrement? cela serait absurde.

Deuxième Partie.

Aphorismes moraux et instructifs sous forme de Vocabulaire.

17e Leçon.

Action. — Songez-y bien, si une bonne action vous donne de la peine, cette peine passera vite : la bonne action ne vous quittera point tant que vous vivrez. Mais si vous faites une méchante action pour le plaisir, le plaisir finira vite et la méchante action vivra toujours avec vous.

N'ayez jamais pour motif d'une bonne action l'espoir d'une récompense.

Activité.

L'activité donne l'aisance, et l'aisance est la mère du contentement et de la santé.

Ame.

La force et la santé de l'âme ont une influence prodigieuse sur la force et la santé du corps. Si l'âme est corrompue, elle agit sur le corps comme une liqueur corrosive qui détruit le vase où elle se trouve contenue.

L'âme qui prend Dieu pour guide ne faillira jamais.

Amis.

L'homme entièrement seul est celui qui n'a pas d'amis ; le monde n'est pour lui qu'un vaste désert, un lieu d'exil et de tristesse qu'il partage avec les animaux.

Ne cherchez pas vos amis dans un rang trop au-dessus du vôtre. – Vendez le jardin de votre père pour en acheter un seul cœur, brûlez les meubles de votre maison, si vous manquez de bois, pour préparer le repas de votre ami.

18.e Leçon.

Amitié. – Je vous exhorte à mettre l'amitié au-dessus de tous les biens après la vertu, qui doit avoir le premier rang, et qui est la base de l'amitié même.

L'amitié est une âme en deux corps.

L'amitié d'un seul sage vaut mieux que celle d'un grand nombre de fous

Aumône.

Quand tu feras l'aumône, ne fais pas sonner la trompette devant toi, comme font les hypocrites dans les synagogues et dans les rues. Mais quand tu fais l'aumône, que ta main gauche ne sache pas ce que fait la droite, afin que ton aumône se fasse en secret; et ton Père qui te voit dans le secret te la rendra publiquement.

Le cœur doit faire la charité quand la main ne le peut.

L'aumône est la prière par excellence, elle atteint toujours au but.

Avarice.

De tous les vices qui avilissent l'homme, il n'en est pas qui jette d'aussi profondes racines dans l'âme, et qui s'y empare si facilement de toutes les facultés que l'avarice; aussi l'avare est-il un être essentiellement méprisable et méprisé. – Un avare vendrait son âme et celle des autres pour de l'argent.

La folie qui se pardonne le moins aux avares c'est d'être pauvres au milieu des richesses.

Le riche avare n'a ni parents ni amis.

Bienfaisance.

L'occasion de faire des heureux est plus rare qu'on ne pense : la punition de l'avoir manquée est de ne plus la retrouver ; et l'usage que nous en faisons nous laisse un sentiment éternel de contentement ou de repentir.

L'homme bienfaisant se fait aimer par force, parce que tous ses dons et les services qu'il rend sont autant de liens dont il enchaîne les cœurs.

Le premier des plaisirs et la plus belle gloire
Est de répandre des bienfaits.
Si vous en recevez, publiez-le à jamais :
Si vous en répandez, perdez-en la mémoire.

Bienveillance.

La bienveillance est un aimant qui attire l'estime, l'approbation et les suffrages de tout le monde.

Partout où se trouve un grand talent, se trouve une entière bienveillance.

Bonheur.

La vertu seule est le chemin qui conduit au bonheur.

Il n'y a que le culte de Dieu qui puisse nous rendre véritablement heureux.

Le bonheur est dans la paix de l'âme.

Bonté.

Aie le courage d'être doux et de pardonner de bon cœur à ces infortunés qui te nuisent ou qui voudraient te nuire. « Pardonne, non pas sept fois, dit le Sauveur, mais soixante-dix-sept fois sept fois, c'est-à-dire toujours. »

La beauté vieillit, la bonté ne connaît pas la vieillesse.

Je me suis laissé dire et je crois qu'il faut être un peu trop bon pour l'être assez.

C'est dans votre intérêt que je vous le répète:
Si vous faites du mal, chacun vous en fera;
Si vous faites du bien, chacun vous le rendra.
Il faut traiter autrui comme on veut qu'il nous traite.

19e Leçon.

Colère. – La colère est une maladie de l'âme des plus dangereuses pour le corps: elle enflamme le sang, agite le cœur, ébranle les nerfs et le cerveau; elle peut rendre fou, imbécile et faire mourir subitement.

Il y a certains gens qui croient que la colère soulage et qu'il la faut exhaler. C'est ici vraiment le cas de dire que le remède est pire que le mal, c'est se jeter dans la rivière pour se soulager de sa soif.

Le vrai moyen de se soulager alors qu'on se sent irrité, c'est de se maîtriser soi-même et de comprimer sa colère. Éloignez tous les petits feux, et vous éviterez l'incendie.

Songez que, dans votre fureur, vous pouvez commettre un crime, et que si la raison vous revient, le remords ne vous quittera pas.

Où la colère a semé, c'est le repentir qui moissonne.

Conscience.

La conscience est l'oracle de Dieu dans notre sein.

La joie d'une bonne conscience est le festin de toutes les heures; une bonne chère sans interruption et sans dégoût, sans préparatif et sans dépense.

La conscience nous avertit en ami avant de nous punir en juge.

Défauts.

Les hommes sont souvent aveugles sur leurs propres défauts, mais par contre très-clairvoyants sur ceux des autres.

Quelque petits que soient nos défauts, on les croit toujours plus grands lorsque nous affectons de les cacher.

Dieu.

Quiconque a attaché fortement son cœur à Dieu, s'est délivré heureusement de toutes les afflictions qui lui peuvent arriver en ce monde et en l'autre.

Trismégiste appelle la divinité un cercle dont le centre est partout et la circonférence nulle part.

« Heureux qui met en Dieu toute son espérance !
On a toujours besoin d'implorer sa bonté.
Il nous consolera dans les jours de souffrance,
Si nous l'avons servi dans la prospérité. »

« Ne dites pas, enfants, comme d'autres ont dit :
Dieu ne me connaît pas, car je suis trop petit. »

« Je ne crains rien, pas même le trépas,
Disait un fanfaron, tout fier de son courage.
- Je crains Dieu d'abord, lui répondit un sage,
Puis l'homme qui ne le craint pas. »

20e Leçon.

Devoir. – Fais ton devoir ; tu sauras ce que tu vaux et ce que tu renfermes.

Sois l'esclave du devoir et nul sur la terre ne sera plus libre que toi.

Economie.

Sans l'économie, il n'y a point de richesses assez grandes ; avec elle il n'y en a pas de trop petites.

Ne faites de dépenses que pour le bien des autres, c'est-à-dire ne dissipez rien.

L'économie est fille de l'ordre et de l'assiduité.

L'économie n'est pas une qualité qui brille, mais elle est solide, et elle tient une honnête moyenne entre l'avarice et la prodigalité.

Education.

L'éducation ne saurait être sérieuse si elle ne repose sur les principes de la morale. L'homme vicieux, qui se cache sous les apparences de l'éducation, est comme le geai paré des plumes du paon: un oeil exercé ne saurait s'y méprendre bien longtemps.

Ennui.

L'ennui est entré dans le monde par la paresse, c'est-à-dire que c'est là une maladie dont le travail est le remède.

Quiconque s'occupe ne connaît point l'ennui.

Envie.

L'envie est une lime qui ronge nuit et jour. Elle fait du bonheur d'autrui une sorte de fantôme qui vient vous pétrir le coeur et vous réveille en sursaut. Elle rend maigre, pâle et jaune, elle ôte l'appétit, le sommeil, et le seul bien qu'elle fasse, dit-on, c'est de faire crever l'envieux.

Estomac.

Votre estomac est le cheval qui porte tout votre bagage: avec de sages ménagements, il peut vous mener loin; mais si vous le chargez outre mesure, ou ne lui laissez pas de repos, il laissera le bagage en route.

Quand le ballon est gonflé, ce qu'on veut y souffler encore ne peut servir qu'à le faire crever. Songez bien que, de même, ce que vous mettrez dans votre corps, après ce qu'il faut pour le nourrir, ne servira qu'à le délabrer.

21e Leçon.

Étude. — Avec l'étude on traverse les mauvais jours sans en sentir le poids; on se fait à soi-même sa destinée, on use noblement sa vie.

Rien n'est plus propre que l'étude à dissiper les troubles du cœur, à établir dans un concert parfait les harmonies de l'âme.

Pendant l'étude, pensez sérieusement à ce que vous faites; pendant la récréation divertissez-vous franchement.

Ce que j'appelle étude, c'est l'action sérieuse, persévérante, éclairée de l'esprit.

Heureux qui, de l'étude,
Dès l'enfance a le goût!
Du travail le plus rude,
Elle vient toujours à bout.

L'étude instruit l'enfance, embellit la vieillesse,
Augmente le bonheur, console la détresse,
Et contre le mensonge armant la vérité,
Aux pièges de l'erreur oppose sa clarté.

Exemple.

Un bon livre, un bon discours peuvent faire du bien, mais un bon exemple parle bien plus éloquemment au cœur.

Le mauvais exemple nuit autant à la santé de l'âme que l'air contagieux à la santé du corps.

Familiarité.

La familiarité est toujours une maladresse : avec nos supérieurs, ils nous en savent mauvais gré ; avec nos inférieurs, ils ont moins de considération pour nous.

Faute.

Une faute commise à dessein n'est point une faute légère.

Ne dites jamais : cette faute est très-légère, je puis me la permettre sans danger. Ne dites jamais : cet acte de vertu est peu considérable, il m'est permis de l'omettre.

Faveur.

Tout est grand dans le temple de la Faveur, excepté les portes ; on ne peut y entrer qu'en rampant.

Ne compte pas trop sur ce que tu tiens de la faveur, si ton mérite n'est pour rien dans le don qu'elle t'a fait.

Franchise.

La franchise ne consiste pas à dire tout ce qu'on pense, mais à penser tout ce qu'on dit.

Il faut toujours agir avec franchise, si on veut être sincèrement vertueux.

Fréquentation.

Celui qui fréquentera les bons deviendra meilleur

Dis-moi qui tu fréquentes, je te dirai qui tu es.

Générosité.

Que tous les malheureux puisent dans votre bourse,
Mais évitez aussi la prodigalité.
Il faut savoir borner sa générosité,
Pour de nouveaux bienfaits, garder quelque ressource.

Habitude.

Une mauvaise habitude se contracte assez vite, mais il faut du temps pour s'en défaire.

Nos mauvaises habitudes nous quittent plus tôt que nous ne les quittons.

22e Leçon.

Honneur. – L'honneur est le premier sentiment de la vie, il n'admet que ce qui est grand; il proscrit tout ce qui est bas.

Il en est de l'honneur comme de la neige, qui ne peut jamais reprendre son éclat dès qu'elle l'a perdu.

Hypocrisie.

Un des vices les plus odieux, un de ceux dont les effets sont des plus redoutables, c'est l'hypocrisie: celui qui se pare d'un extérieur de sagesse quand son âme est en proie à la corruption ressemble à un scélérat qui, le jour, paraît honnête homme, et dont la nuit est employée au larcin.

Ignorance.

L'ignorance est toujours prête à s'admirer lors même qu'elle ne dit ou ne fait que des sottises.

L'ignorance rend hardi et la réflexion circonspect.

Il y a trois sortes d'ignorance: ne rien savoir

savoir mal ce qu'on sait, et savoir autre chose que ce que l'on doit savoir.

Ingratitude.

L'ingratitude est une blessure mortelle qu'un enfant indocile fait au cœur de son père et de sa mère.

Le cœur de l'ingrat est semblable à un désert qui boit avidement la rosée tombée du ciel et ne produit rien.

L'ingratitude est un vice contre nature : les animaux mêmes sont reconnaissants.

L'animal reconnaissant l'emporte sur l'homme ingrat.

Injures.

Ecrivez les injures sur le sable et les bienfaits sur le marbre.

Les injures sont les raisons de ceux qui ont tort.

Injustice.

Si l'injustice bourdonne à tes oreilles, dit Fénelon, ne laisse pas étouffer ta voix ; crie beaucoup, tu seras entendu de tous les gens impartiaux qui sont en majorité.

Innocence.

L'innocence seule ose se montrer au grand jour, le vice toujours honteux recherche l'obscurité.

Le Ciel entend la plainte de l'innocence persécutée, et ce n'est pas en vain qu'il l'entend.

23e Leçon.

Instruction. – L'instruction est l'ornement du riche et la richesse du pauvre.

Etre instruit produit deux avantages : on décide moins, on décide mieux.

L'instruction développe en nous le germe des talents, et de sages principes nous fortifient dans l'amour de la vertu.

Il importe plus de bien savoir que de savoir beaucoup.

Intempérance.

Boire pour étancher sa soif ou pour réparer ses forces est un plaisir juste et sage ; mais boire sans soif est folie. Quand un pré a besoin d'eau, on y conduit une rigole, mais on n'ouvre pas la digue pour y répandre la rivière.

C'est faire un triste marché que de vendre sa raison pour quelques broc de vin.

Que le nom de l'eau-de-vie ne vous trompe pas : elle ne fait vivre personne et a fait mourir bien des gens.

N'allez pas vider votre bourse pour le plaisir d'emplir votre panse ; car on se porte mieux & on marche plus droit avec de l'argent dans sa poche qu'avec des fumées de vin dans la tête.

Jeunesse.

La jeunesse sans expérience se livre à une critique présomptueuse, qui la dégoûte de tous les modèles qu'elle a besoin de suivre, et qui la jette dans une indocilité incurable.

Il en est des jeunes gens comme des plantes, on connaît à leurs premiers fruits ce qu'on doit en attendre pour l'avenir.

Jugement.

Il ne faut point juger de quelqu'un par ce qu'il ignore, mais par ce qu'il sait. Ce n'est rien d'ignorer beaucoup de choses, lorsqu'on est capable de les concevoir et qu'il ne manque que de les avoir apprises.

Justice.

Ne nuisez à personne, soit en lui faisant tort, soit en négligeant de lui faire le bien auquel votre devoir vous oblige.

Sois juste & tu seras heureux.

Laideur.

Les plus belles physionomies deviennent laides lorsque la jalousie ou la haine viennent s'y peindre.

A la beauté physique, préfère la beauté morale : qu'importe qu'on ait une vilaine figure lorsqu'on a un beau coeur.

Lettre anonyme.

Dans l'ombre se masquer pour mieux cacher ses coups,
Se montrer brave en face, être lâche en dessous,
D'un anonyme auteur c'est l'infâme conduite.
Elle entraîne toujours déshonneur à sa suite.
Si pour son châtiment l'on voulait mon avis,
Je dirais qu'on le livre au souverain mépris.

24e Leçon.

Mal. — Quiconque aime & pratique le mal déshonore en sa personne la dignité humaine.

Une seule chose nous avilit, c'est d'aimer le mal et de le faire.

Il n'y a pas de grattoir pour effacer le mal qu'on a fait.

On se rend complice du mal qu'on peut empêcher.

A qui mal veut, mal arrive.

Méchant.

Le méchant craint à proportion du mal qu'il fait ; avec une mauvaise conscience, on peut trouver de la sûreté, mais jamais de sécurité. On se croit découvert quoique caché ; on est agité pendant le sommeil ; on ne peut entendre parler d'un crime sans penser au sien, on ne le trouve jamais assez effacé ou caché. Le malfaiteur a quelquefois eu le bonheur mais jamais la certitude de n'être point découvert.

Médisance.

Platon disait : « Eh ! que m'importe
Si de moi Thersite médise !
Je veux vivre de telle sorte
Qu'on ne croie pas ce qu'il dit. »

Mensonge.

Ne mentez jamais, même en plaisantant, pour n'en pas contracter l'habitude.

Un menteur est toujours prodigue de serments.

Le menteur s'avilit et renonce à l'estime ;
On ne croit plus quiconque a menti plusieurs fois ;
A la vérité seule il faut prêter sa voix ;
Tout mensonge est un tort, et s'il nuit, c'est un crime.

Modestie.

La modestie est la vertu des âmes bien nées ; c'est un sentiment d'humilité qui nous éclaire sur nos défauts, et nous empêche de nous enorgueillir de nos vertus ou de nos talents.

Soyons bons sans le dire & sages sans témoin ;
Pour nous conduire bien, avons-nous donc besoin
Qu'on sache nos vertus ou qu'on nous applaudisse ?
La vertu qui s'affiche est bien près d'être vice.

Mort.

La mort devient facile à supporter quand on peut se consoler à ses derniers moments par le souvenir d'une belle vie.

Il n'est pas permis à l'homme de quitter la vie sans l'ordre de celui dont il l'a reçue ; ce serait abandonner le poste qui lui a été assigné par Dieu même.

Naturel.

Nous gagnons plus à nous laisser voir tels que nous sommes qu'à essayer de paraître ce que nous ne sommes pas.

Le naturel est la meilleure preuve du mérite.

Oisiveté.

Après une journée passée tout entière dans l'oisiveté et les amusements, on est comme tourmenté par une sensation de lassitude et de vide. — L'oisiveté ouvre la porte à la misère & au vice.

25e Leçon.

Ordre. — Que chaque chose chez vous ait sa place & chaque affaire son temps.

Orgueil.

Les hommes qui se vantent le plus ressemblent trop souvent à des armes dorées : le dehors semble précieux ; ôtez la superficie, vous ne trouverez qu'un vil métal.

Ne promets pas des merveilles en fait de grandes choses.

Parents.

Des soins que vos parents vous donnent chaque jour,
Que votre attachement soit une récompense ;
Qu'ils doivent vos efforts et votre obéissance
Moins aux lois du devoir qu'à celles de l'amour.

Heureux qui peut rendre à son père & à sa mère tous les soins qu'il en a reçus dans son enfance. Plus heureux encore qui peut leur rendre leur sourire, leurs caresses et leurs joies.

Paresse.

La paresse est un sommeil où l'on n'a guère de beaux rêves, et qui ne renouvelle ni les forces de l'âme ni celles du corps.

Un levier que l'on porte en écharpe

s'affaiblit et devient étique ; mais celui qui travaille sent grossir ses muscles et croître sa vigueur. La personne du paresseux est tout entière en écharpe.

La paresse produit la misère ; la misère tue le corps par les privations et l'esprit par les chagrins.

Un postillon a plus tôt fait une lieue qu'un paresseux n'a fini d'ouvrir un œil.

Patrie.

La patrie c'est tous nos concitoyens, grands ou petits, riches ou pauvres, c'est la nation que nous devons honorer, servir et défendre de toutes les facultés de notre intelligence, de toutes les forces de nos bras, de toute l'énergie et de tout l'amour de nos âmes.

Pauvreté.

Pauvreté n'est pas vice, dit le proverbe et il a raison.

Ce sont les yeux des autres qui nous ruinent.

26e Leçon.

Politesse. – La politesse est la fleur de l'humanité ; qui n'est pas assez poli, n'est pas assez humain.

C'est la politesse qui pourra prévenir les gens en votre faveur à la première vue. Cette politesse ne consiste pas en de basses révérences

... en des cérémonies affectées, mais dans une manière de se présenter aisée, polie et respectueuse.

Il me semble que l'esprit de politesse est une certaine attention à faire que, par nos paroles et par nos manières, les autres soient contents de nous et d'eux-mêmes.

Prévoyance.

Épargnez pour le temps de la vieillesse et du besoin.

Ayez soin des sous, les louis se garderont d'eux-mêmes.

Faute d'un clou, le fer d'un cheval se perd; faute d'un fer, on perd le cheval, et faute d'un cheval, le cavalier lui-même est perdu, parce que son ennemi l'atteint et le tue; et le tout pour n'avoir pas fait attention à un clou manquant au fer de sa monture.

Prière.

Qui pourrait parler dignement des effets de la prière? Il faudrait sonder les profondeurs du cœur de l'homme, cet abîme de misères, de désirs et d'espérances. Quel est celui qui, succombant sous le poids de l'infortune et de la douleur, s'est adressé à l'infinie Miséricorde, sans ressentir bientôt le calme dans son cœur? Par la prière, nous trouvons le bonheur, la tranquillité de l'âme; la prière est toute la philosophie, et bien plus que la philosophie, puisque celle-ci ne cherche qu'à découvrir la vérité, tandis que la prière l'attire en nous et nous la fait aimer.

Prier, bien prier, c'est être prêt à bien vivre.

Mon Dieu, qui pouvez tout, écoutez la prière
De l'un de vos enfants humblement à genoux;
Car on dit qu'ici-bas tout est larmes, misère,
Quand votre main, Seigneur, se retire de nous.

Faites que je sois bon, mon Dieu, que je réponde
Aux voeux de mes parents; qu'enfant doux et pieux
Je fasse bien longtemps leur bonheur en ce monde,
Pour qu'un jour à venir je les rejoigne aux cieux.

27.e Leçon.

Prodigalité. Le prodigue ne consulte ni ses facultés ni l'avenir; il épuise sa fortune, emprunte ensuite celle d'autrui, et tombe enfin dans la misère et dans l'opprobre, couvert de ridicule, méprisé et dégradé par l'injustice, qui lui fait abuser de la fortune des gens dont il a surpris la confiance.

Protecteurs.

Nos plus sûrs protecteurs sont nos talents.

Reconnaissance.

La reconnaissance est la mémoire du coeur.

Reconnais à la face de tous le bien qu'on t'a fait.

Religion.

La religion est toujours bienfaisante, toujours conciliatrice, toujours prête à accueillir ceux qui, fatigués des erreurs qui affligent, ont besoin de vérités qui consolent.

La religion est la garantie infaillible des bonnes mœurs et la source intarissable des bonnes actions.

La religion, qui semble n'avoir d'autre objet que notre félicité dans l'autre vie, fait encore notre bonheur dans celle-ci.

C'est l'éducation morale qui seule peut former des hommes et des citoyens, et il n'y a pas d'éducation morale sans religion.

Remords.

Il est toujours, quoi qu'on puisse faire, un témoin des mauvaises actions qu'on commet; il ne parle pas haut, mais fut-on sourd, il sait se faire entendre : ce témoin c'est le remords.

Le remords est une lime qui ronge l'esprit, la chair et les os.

Richesses.

Les véritables richesses sont celles que l'on emporte avec soi au delà du tombeau.

Bien des méchants s'enrichissent, bien des hommes vertueux languissent dans la misère; voudrais-je donner ma vertu pour les trésors du méchant? Non, sans doute, je puis conserver mon cœur dans toute sa pureté, les richesses changent tous les jours de maîtres.

Respect pour les morts.

Il en est qui trouvent puérile l'habitude qu'on a de se découvrir devant les morts. Ne vous laissez point, par leurs critiques, détourner de l'accomplissement de ce devoir. En effet, si vous pouviez croire qu'après la vie, il n'y a plus que le néant, vous n'en devez pas moins saluer, dans le passé, celui qui a souffert et lutté comme vous. Et si, au contraire, vous entrevoyez une existence future, saluez dans l'avenir, ce compagnon de l'éternité.

Respect pour les Parents.

Quiconque ne respecte pas son père et sa mère est un monstre.

Pour vivre longtemps sur la terre,
Honore ton père et ta mère ;
C'est ce que votre loi, Seigneur, commande à tous.
Pour respecter son père à l'égal de vous-même,
Pour aimer tendrement la mère qui vous aime,
Faut-il donc un ordre de vous,
Quand pour l'enfant pieux votre bonté suprême
Rend déjà le devoir si doux?

Respect pour les Vieillards.

Songez, mes chers amis, qu'il faut que la jeunesse
Respecte les vieillards, écoute leurs discours,
Demande leurs conseils, leur donne des secours,
Et par des soins constants soulage leur faiblesse.

Sagesse.

La crainte du Seigneur est le commencement de la sagesse.

Le sage est celui qui fait le bien, et non pas celui qui le prêche aux autres sans le pratiquer.

Santé.

Quelle est cette beauté naïve qui s'avance avec tant de grâces? Sa rose s'épanouit sur ses joues; son haleine est suave comme celle de l'aurore; une joie douce, tempérée par la modestie, anime ses regards ..... C'est la santé, fille de l'exercice et de la tempérance.

28e Leçon.

Savant. – Si tu te plais en la compagnie

des hommes de bien, si tu respectes tes parents, si tu observes le devoir que prescrit l'amitié, si la sincérité règne dans tes discours et la bonne foi dans tes actions, n'eusses-tu fait d'ailleurs aucune étude, je te crois un très-savant homme.

Science.

La science ne se mesure pas à la barbe, et ce n'est pas par le menton qu'on est habile.

Secret.

Accoutumons-nous de bonne heure à garder bien rigoureusement le secret d'autrui, et ne nous livrons en aucun cas à la tentation de révéler le nôtre sans nécessité.

Sincérité.

N'usez d'aucun méchant détour ; pensez avec innocence et justice ; parlez comme vous pensez.

Silence.

Ne dites que ce qui peut servir aux autres et à vous-même. Evitez les conversations oiseuses.

La nature, en nous donnant deux oreilles et une seule langue, nous enseigne qu'il faut plus écouter que parler.

Ne parler jamais qu'à propos,
Est un rare et grand avantage ;
Le silence est l'esprit des sots
Et l'une des vertus du sage.

Travail.

Le travail est la loi de ce monde ; tout y est assujetti : l'enfant, l'homme, la société tout entière. C'est le devoir de l'homme et la sauvegarde de ses mœurs.

Quand on s'accoutume au travail dès l'âge tendre,

il ne devient pas seulement un plaisir, mais un besoin.

Après une journée consacrée au travail, on éprouve un agréable sentiment de satisfaction de soi-même ; il semble qu'on ait grandi moralement.

Le travail paie les dettes et le désespoir les augmente.

Travailler, c'est prier : on ne pense pas à mal faire quand on est occupé.

Donner du travail, c'est plus, c'est mieux que de donner de l'argent : c'est la meilleure des charités pour ceux qui la font et pour ceux qui la reçoivent.

Temps.

Si vous aimez la vie, ne prodiguez pas le temps, car c'est l'étoffe dont elle est faite.

Soyons avares du temps, ne donnons aucun de nos moments sans en recevoir la valeur ; ne laissons sortir les heures de nos mains qu'avec épargne, qu'avec fruit, qu'avec autant de regret que quand nous cédons notre or ; ne souffrons pas qu'aucun de nos jours s'écoule sans avoir grossi le trésor de nos connaissances et de nos vertus.

L'usage du temps est une dette que nous contractons en naissant, et qu'il faudra payer avec les intérêts que notre vie stérile a entassés.

Vanité.

Heureux ceux qui sont nés modestes ! Rien ne fait paraître les hommes si petits que la vanité.

Vérité.

Aimer la vérité, la rechercher, la pratiquer, tels sont les vrais principes qui doivent constamment servir de guide à l'homme vertueux.

Soyez inviolable dans votre parole ; mais pour

lui acquérir une entière confiance, songez qu'il faut une extrême délicatesse à la garder. Respectez la vérité, même dans les choses indifférentes. Il faut aussi éviter les serments : la seule parole d'un honnête homme doit avoir toute l'autorité d'un serment.

Vertu.

Le plus petit acte de vertu vaut mieux que l'exercice des plus grands talents.

Une seule vertu vaut mieux qu'un siècle d'aïeux.

Le chemin de la vertu finit toujours par conduire au bonheur.

Tu ne peux être physicien, poète, orateur, mathématicien, mais tu peux être vertueux, ce qui vaut mille et mille fois mieux.

Quand on a cultivé la vertu dans toute la suite de sa vie, on en recueille de meilleurs fruits dans la vieillesse.

Celui-là sert son pays qui forme la jeunesse à la vertu.

Vices.

Le vice est la pratique habituelle du mal.

Ne vous y trompez pas, le plus petit vice est fort difficile à vaincre ; il vous semble seul, mais il a des aïeux et une postérité qui, au besoin, lui viendront en aide.

Nous permettons le vice que nous ne reprenons pas.

Les chrétiens se rangent sous le drapeau de la croix pour combattre, non les hommes, mais leurs erreurs et leurs vices.

Troisième Partie.

Conseils. Réflexions. Anecdotes. etc..

Les mauvais Livres.

29e Leçon.

Qu'est-ce qu'un mauvais livre? Le savez-vous? Y avez-vous jamais réfléchi? jamais, peut-être, et je vous en loue; votre ignorance est honorable.

Mais, sans en faire vous-même la fatale expérience, peu de mots vous feront comprendre les dangers de pareilles lectures.

Un mauvais livre est un poison préparé le plus souvent avec un art infini, qui, quelque remède qu'on y apporte, opère toujours.

Le moins violent n'est pas le moins à craindre.

Si l'on n'aperçoit pas de suite les ravages qu'il peut faire, pour être lents, ses effets n'en sont que plus terribles.

Un mauvais livre cause à l'âme une blessure que rien ne guérira par la suite, non, rien; une fatale blessure semblable à celles que produisent ces armes funestes qui se brisent dans la plaie; une blessure qui, portant en elle-même un principe indestructible de souffrance et d'infirmité, ne se cicatrisera jamais qu'imparfaitement, et qui, au plus léger contact, redeviendra saignante et douloureuse.

Les dérèglements de la plus grande quantité des jeunes gens, leur libertinage, sont ordinairement le fruit des mauvais livres.

Nul beau naturel qu'ils ne dégradent, nulle innocence qu'ils ne corrompent, nulle éducation qu'ils ne pervertissent, et la jeunesse, plus susceptible du venin, ne se défend jamais de la contagion.

Les mauvais livres sont de plusieurs sortes : les uns produisent l'erreur dans l'esprit, les autres corrompent le cœur.

Tous enseignent le vice avec art, excitent les passions et étouffent insensiblement les inclinations les plus chrétiennes.

Regardez tout ce qu'on appelle romans, aventures galantes, poésies légères, comme l'écueil des bonnes mœurs.

Il n'est pas un de ces livres qui ne soit pour vous un piège.

Faites-vous une loi de n'en avoir jamais aucun ; ignorez-en jusqu'aux titres.

L'esprit, la politesse avec lesquels ils sont écrits sont un apprêt perfide.

Ne vous laissez jamais éblouir à ce faux éclat.

30e Leçon.

Il n'est pas vrai qu'il y ait plus d'esprit et de politesse dans les mauvais livres que dans les bons; ils n'apprennent pas à bien parler, dit St-Augustin, mais à mal vivre.

Puisez la science et la politesse dans les meilleures sources: le monde est plein de bons livres qui apprennent également à bien vivre et à bien parler.

Ne regardez pas avec moins d'horreur tous ces livres suspects pour la doctrine; ils sont encore plus dangereux pour le salut.

Les autres commencent par corrompre le cœur, et ensuite gâtent l'esprit; ceux-ci gâtent l'esprit et ensuite corrompent le cœur.

C'est par cet artifice que toutes les hérésies se sont répandues.

Un livre dit souvent ce qu'un homme n'oserait pas dire.

Dès que l'Église a condamné un livre, ayez-le en horreur.

Ne lisez donc jamais que de bons livres; c'est en eux qu'on trouve la saine et abondante nourriture qui donne la santé à l'âme.

Les conseils ne vous manqueront

pas pour vous faire connaître les meilleurs.

Ayez-en un petit nombre, lisez-les bien, et persuadez-vous de cette vérité, quelques bonnes dispositions que vous apportiez à leur lecture, un seul mauvais livre vous serait infiniment plus funeste que dix bons ne vous seront avantageux, car le mal fait plus de mal que le bien ne fait de bien, tant est grande la faiblesse humaine.

Les Saisons : L'Hiver

31e Leçon.

L'hiver est de retour avec ses nuits allongées et ses jours tristement raccourcis.

La plupart des bons petits oiseaux se sont enfuis en d'autres climats, et en s'éloignant, ils ont laissé nos campagnes désertes et silencieuses.

En vain nous voudrions les rappeler chez nous, tant que durera l'inclémence de l'air et l'inhospitalité de nos guérets.

Ils se sont envolés pour se rallier ailleurs, où ils retrouvent, avec leur pâture, les verts feuillages et les beaux jours.

Quelques rouges-gorges et quelques mésanges se montrent encore et se rapprochent timidement des métairies pour y dérober quelques grains égarés.

Il n'y a que les noirs sapins, les pins et quelques arbustes qui aient retenu leur verdure, les frimas ont emporté tous les autres feuillages.

J'étais charmé au milieu de cette nature si belle, si gracieuse, et me voilà désenchanté à la vue d'une terre stérile et d'un ciel si souvent brumeux.

Il s'obscurcit de plus en plus, et d'innombrables flocons de neige viennent nous disputer la lumière du jour.

Tout est blanc sur la terre, et il semble qu'elle soit recouverte d'un drap mortuaire, comme un cadavre que l'on doit enterrer.

Un vent âpre a soufflé pendant la nuit, et la surface des eaux s'est durcie comme la pierre.

La jolie cascade du village n'est plus qu'un immobile glaçon ; qui sait quand elle redeviendra ce qu'elle était ?

J'aimais tant à la voir retomber incessamment de roc en roc, et à l'entendre résonner au loin.

Cependant quelque triste, dur et insupportable que l'hiver paraisse, il travaille en silence à ramener le printemps, ses beautés et ses dons.

Cette espèce de mort est un acheminement à une vie nouvelle, et déjà la pervenche perce la neige pour nous l'annoncer, et relever nos espérances.

Elles ne seront pas déçues, car elles sont fondées sur les lois invariables que le créateur a imposées à l'œuvre de ses mains.

Lui seul ne se dément jamais, il est toujours le même, l'Éternel.

Une Distribution de Prix.

32e Leçon.

Je viens d'assister à une bien belle fête, mes enfants, et je vous assure que j'en conserverai longtemps le plus doux souvenir.

Cette fête était une distribution de prix faite aux élèves de l'école de M. Félix, l'excellent instituteur dont je vous ai parlé dans les lectures scolaires. — La salle avait été ornée de guirlandes de lierre, de drapeaux et surtout de toutes sortes de travaux graphiques, tels que pages d'écriture, dessins divers, cartes géographiques, etc.

Pour vous donner une idée de cette exposition, qu'il me suffise de vous dire que les murs disparaissaient sous les feuilles écrites et dessinées des enfants de l'école.

Le programme de la fête, qui avait été remis aux assistants dès leur entrée, était ainsi composé :

Chant d'ouverture : Les guerriers et les ouvriers ; — Discours du président ; — Allocution d'un jeune enfant ; — Distribution des récompenses ; — Clôture : L'Étude (chant à trois voix).

Je ne vous rapporterai point les belles et bonnes choses dites par M. le Maire qui présidait la cérémonie ; il donna des conseils aux enfants, complimenta les bons écoliers, et eut même des paroles d'encouragement pour ceux dont les noms pourraient ne pas être proclamés.

Il fit l'éloge mérité de M. Félix, dont le zèle et le dévouement sont connus de tous.

Puis il insista sur la nécessité qu'il y a pour les parents de tenir à ce que les enfants soient assidus à l'école.

N'oubliez pas, dit-il, en terminant, pères et mères qui m'écoutez, que l'instruction est le plus bel héritage que vous puissiez laisser à vos enfants. »

Tel fut en substance le discours de M. le Maire, qui fut plus d'une fois interrompu par les applaudissements de la salle tout entière.

33e Leçon.

Un jeune enfant ensuite, sur l'ordre de l'instituteur, monta à l'estrade où se trouvaient les autorités, qu'il salua avec une grâce charmante ; puis, se tournant du côté des familles, il s'exprima ainsi :

« Dans un moment où les cœurs de nos parents et de nos amis, réunis dans cette assemblée, sont animés de sentiments d'intérêt et d'affection pour nous ; dans un moment où tout le monde ici fait des vœux pour notre avenir, nous serions bien ingrats si nos âmes n'étaient pleines de reconnaissance et d'amour.

« Je vous en donne l'assurance au nom de mes petits camarades ; et, malgré la légèreté de notre âge, c'est avec la plus vive émotion que nous songeons aux soins que vous n'avez cessé de nous prodiguer depuis que nos yeux se sont ouverts à la lumière.

« O Seigneur, protége-nous, fais-nous vivre longtemps : afin que, devenus grands et forts, nous puissions dans leur vieillesse aider nos bons parents qui nous soutiennent aujourd'hui que nous sommes faibles et petits. »

Les yeux de tous les assistants étaient remplis de larmes, mais de ces larmes que la joie et le bonheur font seuls verser.

Je voulus connaître le jeune orateur, c'était Maurice, le sage et travailleur élève dont j'ai eu occasion de vous parler dans un autre livre.

Modeste et studieux, il avait été choisi par ses condisciples comme le plus digne, entre tous, de prononcer le petit discours que vous venez d'entendre.

Je l'embrassai pour lui témoigner toute ma satisfaction.

Le palmarès fit ensuite connaître les noms des élèves qui avaient mérité des prix, et Maurice, outre plusieurs autres récompenses, reçut le prix d'honneur.

J'ai passé deux heures à cette distribution de prix, mais je vous assure, mes enfants, que ces deux heures ne m'ont pas paru longues.

J'étais heureux, je partageais la joie générale, et nul n'applaudissait de meilleur cœur que moi à l'appel des noms, lorsqu'un enfant déjà nommé venait chercher une nouvelle récompense; je ne pourrais vous dire combien j'en ai couronnés!

Ah! j'allais oublier de vous parler de nos jeunes virtuoses: sachez qu'ils ont parfaitement rendu et interprété leurs morceaux de chant.

En sortant, je serrai la main de M. Félix, et le remerciai bien sincèrement des délicieux instants qu'il m'avait procurés en m'invitant à sa belle distribution de prix.

Les Saisons: le Printemps.

34e Leçon.

La terre a été longuement comme morte, et elle se réveille peu à peu.

L'air naguère si mordant s'est radouci que j'aime à humer son haleine!

Tout reverdit autour de nous, depuis la plaine jusqu'aux montagnes qui élèvent encore leurs cimes grisâtres dans les nues.

La rivière et le ruisseau qui étaient devenus immobiles à l'œil, recommencent à nous montrer le mouvement de leurs flots empressés.

Les oiseaux ont reparu chez nous et ils sont occupés à rebâtir leurs nids

Matin et soir ils remplissent l'air de leurs jolies chansons; c'est le rossignol qui l'emporte sur tous les chantres du bocage.

Les vertes prairies se sont embellies de toute espèce de fleurs, et les arbres fleuris à leur tour embaument l'air du voisinage.

Les poulets ont brisé l'œuf où ils étaient renfermés, et ils sont à la recherche de leur nourriture à côté de leur vigilante mère.

Voyez ces jeunes canards qui plongent et replongent dans l'eau pour y pêcher des animalcules et s'en repaître

Qu'elle est gaie l'aimable fauvette, qui voltige de branche en branche, d'arbre en arbre, et qui ne se dégoûte jamais de nous faire entendre son joli refrain!

L'alouette s'élève dans les airs pour saluer et resaluer le jour naissant par des sons doux et gracieux

Le retour du printemps a réveillé la marmotte et tant d'autres animaux qui passent l'hiver dans le sommeil.

La vie est aussi rentrée dans les eaux et les poissons y reprennent des mouvements dont la longueur de l'hiver les avait désaccoutumés.

Avec la douce haleine du printemps, on voit renaître partout le mouvement et la vie, la beauté et la joie.

Le printemps me rappelle l'immortalité qui m'attend ailleurs, où je vivrai à tout jamais dans l'indépendance de mes fragiles organes.

L'Eternel n'a pas créé l'homme à son image et ressemblance pour le replonger dans le néant d'où son infinie bonté l'a tiré : car un père ne tue pas ses enfants.

Réflexions sur le Choix d'un état.

35e Leçon.

Mes enfants, il y a longtemps que je vis et que j'observe tout ce qui se passe dans le monde ; j'ai remarqué que c'est toujours un parti fort sage que de suivre tout simplement la profession de son père.

On trouve le chemin tout

tracé ; l'apprentissage est facile, il n'est pas besoin de créer une chose nouvelle ; on n'a qu'à continuer celle qui existe déjà.

Si vous avez le bonheur d'avoir un père qui ait acquis une certaine réputation, pourvu que vous sachiez aussi la mériter par le travail, vous héritez naturellement des avantages que lui donne cette réputation.

Enfin si vous êtes bon fils, ce doit être une jouissance pour vous de partager les travaux de votre père, de soulager l'auteur de vos jours dans sa vieillesse ; ce doit être une consolation de lui succéder, de le remplacer après sa mort, et de devenir à votre tour le soutien de votre famille.

Il y a quelquefois des enfants orgueilleux qui se croient faits pour une condition plus élevée que celle de leurs parents, qui ne veulent point s'assujettir aux travaux d'un métier, et qui sont assez ingrats pour rougir de la profession au moyen de laquelle leur père les a élevés.

Celui qui rougit de son père, mes enfants, est un petit monstre aux yeux des gens de bien ; et il portera tôt ou tard la peine de son ingratitude, car Dieu punit les enfants ingrats.

Je connais quelques-uns d'entre vous dont les parents n'ont pas eu le bonheur de l'instruction qui vous a été donnée.

Eh bien! mes amis, que votre instruction soit employée par vous à reconnaître ce que vos parents ont fait pour vous.

36e Leçon.

En exerçant la même profession, vous pourrez leur être utiles, les aider avantageusement; et ne sera-ce pas pour votre cœur une grande jouissance?

Si votre père est laboureur, fermier, n'a-t-il pas des comptes à tenir, des calculs à faire?

Eh bien! après avoir travaillé le jour dans les champs, vous pourrez, à la veillée, faire sans peine ce travail qui lui était peut-être difficile.

En étudiant les livres dans lesquels on publie les découvertes nouvelles, vous y trouverez les moyens qu'on indique pour augmenter le bien-être des cultivateurs.

Enfin, dans les longues veillées d'hiver, vous introduirez dans la famille une jouissance qui y était inconnue, en faisant des lectures tout à la fois instructives, pieuses et amusantes.

Oh! c'est à ceux-là surtout que je conseille de ne jamais abandonner le champ paternel pour chercher une autre profession.

Quelque nombreuse que soit la famille, la terre est féconde, et elle nourrit tous ceux qui la sollicitent; jamais il ne peut y avoir trop de bras pour la cultiver.

Si votre père est maçon, charpentier, menuisier, tourneur, serrurier, le dessin linéaire qu'on vous a enseigné vous offrira, pour l'exercice des arts mécaniques, des ressources dont il a été privé, et qui faciliteront beaucoup votre travail.

Vous ne pouvez donc mieux faire encore que de marcher sur ses traces.

« Mais, me diront encore quelques uns d'entre vous, nous sommes plusieurs enfants, et nous ne pouvons tous prendre l'état de notre père? ne pouvons-nous donc pas apprendre un autre métier? »

A la bonne heure, pourvu que ce soit aussi un métier utile, car il n'y a que ceux-là qui rendent indépendants, et ce sont les seuls honorables.

Mais vous êtes bien jeunes et vous avez bien peu d'expérience pour choisir vous-mêmes.

Consultez alors vos parents, demandez-leur quelle est leur volonté.

C'est une marque de respect et d'égard que vous leur devez, et dont vous serez récompensés; car ils savent mieux que vous ce qui vous convient, et ils ne peuvent vouloir que votre bonheur.

J'entends encore quelques-uns de vous me dire: « Mais, mon vieil ami, nous sommes bien pauvres, notre famille a besoin que nous gagnions très-promptement quelque chose, et nous ne pouvons faire un long apprentissage. »

Ce sentiment est fort louable, mes

enfants; eh bien! vous avez une ressource dans les manufactures où l'on emploie de jeunes enfants: vous ne manquerez pas de travail, tant que vous serez honnêtes et laborieux; et vous deviendrez avec le temps de bons ouvriers, et l'on vous recherchera.

Soyez tranquilles; quand on est vertueux, on n'est jamais abandonné de Dieu, et l'on trouve sa récompense ici-bas.

Les Saisons: l'Eté.

37e Leçon.

Les chaleurs de l'été ont défleuri nos prairies, et les herbes mûres ont répandu leurs graines sur la terre pour se reproduire.

Partout les faucheurs abattent l'herbe avec la faux tranchante, et les faneuses la retournent pour l'exposer aux ardeurs du soleil et la sécher.

Les ouvriers et les ouvrières se délassent maintenant sous l'ombre hospitalière d'un arbre touffu, et se réconfortent par un repas frugal, qu'assaisonnent la faim, la soif et la gaieté.

Déjà les bœufs amènent à pas lents les chariots où l'on entassera le foin pour l'engranger.

Les chariots reprennent le chemin de la métairie, et les faneurs soutiennent avec leurs fourches l'énorme édifice qui chancelle souvent et menace de tomber.

La vache, la chèvre, la brebis transforment en lait doux et fort agréable, et en viandes succulentes, ces herbes que les rayons du soleil ont mûries et desséchées.

Le citadin, amolli par le luxe irréfléchi, ose quelquefois se récrier contre les chaleurs de l'été, et il manque d'esprit ou de cœur pour apprécier les œuvres de la bonne Providence.

Quand est-ce qu'il sentira la profonde inconvenance des murmures qu'il élève contre son Créateur et son Père?

L'été nous offre d'ailleurs des rafraîchissements dans la source limpide, dans les ombrages, dans la fraise, la framboise et tant d'autres fruits délicieux.

Regardez ces moissons dorées qui, dans leurs ondulations nous représentent un lac transporté comme par enchantement sur la terre.

Déjà la faux et la faucille ont renversé les épis que les chaleurs ont mûris.

Le fléau débarrassera le grain de sa gousse, et la meule l'écrasera pour nous donner de la farine et du pain.

Oh! vraiment, nous vivons tous à la table de notre Père commun, qui ouvre et rouvre sa main inépuisable et nous comble de bénédictions.

Pour être inaperçue de nos yeux, cette main n'en est pas moins la source intarissable de tout bien.

Reconnais, mon enfant, l'incomparable bonté de ton Père céleste, et n'oublie jamais d'accompagner ses bienfaits de tes remerciements.

N'oublie pas non plus de retracer sa bonté dans ton cœur et dans toute ta vie.

Le Père céleste a des enfants chéris, et d'autres qu'il désavoue et qui ne le verront jamais.

L'Aveugle et son Trésor.

38e Leçon.

Un aveugle avait cinq cents écus qu'il cacha dans un coin de son jardin, mais son voisin qui s'en aperçut les déterra et les prit.

L'aveugle ne trouvant plus son argent, soupçonna celui qui pouvait l'avoir dérobé.

Comment s'y prendre pour le savoir ?

Il alla trouver son voisin et lui dit qu'il venait lui demander un conseil ; qu'il avait mille écus dont la moitié était cachée en un lieu sûr, et qu'il ne savait s'il devait mettre le reste au même endroit.

Le voisin le lui conseilla et se hâta de reporter les cinq cents écus, dans l'espérance d'en retirer bientôt mille.

Mais l'aveugle ayant retrouvé son argent, s'en saisit, et, appelant son voisin, il lui dit : « Compère, l'aveugle a vu plus clair que celui qui a deux yeux. »

Le sublime de la Probité.

Un homme fort pauvre trouva une bourse qui contenait cent pièces d'or.

« Cet argent n'est point à moi, se dit-il à lui-même : cherchons quel est son maître. »

Aussitôt il fait publier que si quelqu'un a perdu une bourse remplie d'or, on peut s'adresser à lui.

Celui qui avait perdu la bourse vient le trouver et lui désigne la bourse de manière à prouver qu'elle lui appartient.

« Je vous la rends, lui dit le pauvre, et je me félicite d'avoir pu vous la rendre. »

Cet homme, plein de joie et de reconnaissance, le prie d'accepter vingt pièces d'or comme une preuve de sa gratitude.

Le pauvre les refuse ; il lui en offre

dix, le pauvre les refuse encore. — Enfin le maître de la bourse la prend et la lui jette : « Gardez-la, lui dit-il, puisque vous ne voulez rien accepter ; je n'ai rien perdu. »

Ce pauvre, pour ne point l'offenser, prit enfin une pièce d'or qu'il donna sur-le-champ à de malheureux estropiés qui passaient par là.

Les Saisons : l'Automne.

39e Leçon.

Les légers inconvénients de l'été disparaissent à l'entrée de l'automne, mais les nuits s'étendent à mesure que les jours se raccourcissent.

L'automne a aussi des présents à nous offrir, et il n'y a que l'ingratitude qui puisse en méconnaître la source.

Les arbres abaissent leurs branches appesanties, en nous invitant, de la part du Créateur, à recueillir leurs fruits pour en jouir en hiver.

A la vue de ces provisions, qui pourrait disconvenir de la prévoyance du Père de la famille humaine, et de ses attentions incessantes pour elle ?

Maintenant les arbres ont rempli leur tâche envers nous, et on voit leur feuillage se décolorer de plus en plus, pour se livrer au vent qui l'emportera.

Le raisin aussi est parvenu à maturité, et voilà les vendangeurs et les vendangeuses qui dégarnissent les ceps, en entonnant quelques joyeux refrains.

D'autres ouvriers attendent la récolte au pressoir, pour l'écraser dans la cuve, et en faire écouler le jus.

Il fermentera dans les tonneaux, et, par un usage modéré, il fortifiera le corps, tout en répandant la gaîté dans l'âme.

Quel dommage que l'insatiable sensualité méfuse d'un si beau présent, pour abêtir l'esprit et énerver le corps.

L'automne est aussi le temps de la chasse, et les bêtes fauves intimidées par les cris des chiens et les décharges des fusils, s'enfuient dans des retraites lointaines et sombres.

Les échos renvoient les détonations et prolongent le bruit et la frayeur du gibier.

Le chien avide de chair a fini par apprendre à rapporter fidèlement à son maître jusqu'au petit oiseau que le plomb a touché.

Le laboureur réensemence ses champs en automne après avoir retourné et fumé la terre.

Le voilà qui se découvre, pour remettre son travail aux soins de Celui qui seul donne la croissance à ce que l'homme sème et plante.

Il va maintenant déterrer les pommes de terre tardives et en replanter une partie qui sera également à l'abri des intempéries de l'air.

Il a vu passer bien au-dessus de sa tête les vols de canards et d'oies sauvages, retournant dans les pays méridionaux, d'où le printemps les avait amenés chez nous.

Les divers animaux qui passent l'hiver dans des terriers et des trous, sont tous à la recherche d'un asile convenable pour s'y rendormir dès les premiers frimats.

Comment Scapin se justifie d'une friponnerie.

40e Leçon.

Ecoutez les coquins, ce sont les plus honnêtes gens du monde; c'est ce qu'on a voulu faire entendre par ce trait d'une comédie italienne.

Arlequin, dans cette comédie, dit à Scapin, qui se plaint de ce que la justice l'a puni: « Pourquoi aussi t'aviser-tu de voler un cheval en plein jour? – Moi, voler, reprend Scapin, tu me fais tort de parler ainsi.

Mon maître venait de m'envoyer faire une commission; je trouve dans une petite rue un cheval qui la barrait entièrement; je vais pour passer par derrière, on me vie : prenez garde, il vous donnera un coup de pied.

Je voulus aller par devant, on me dit : n'avancez pas, il vous mordra.

Je me vis donc obligé, de peur d'être mordu ou estropié, de passer par dessus.

Je pose effectivement le pied dans un des étriers et je passe une jambe, mais ne voilà-t-il pas que ce diable de cheval prend le mors aux dents et m'emporte à vingt-cinq lieues par delà.

Vois, je te prie, mon cher Arlequin, si cela s'appelle voler un cheval ?

Conseils à un Ouvrier sur la Tempérance.

41e. Leçon.

L'habitude te rendra le travail facile, comme elle te rendra le travail léger ; peu de chose suffit à l'homme pour conserver ses forces et se maintenir en santé ; l'estomac est un mendiant insupportable, qui devient d'autant plus importun qu'on lui accorde davantage ; tout ce que tu lui donnerais au delà du nécessaire, ne servirait qu'à t'en rendre son esclave : après t'avoir donné la bassesse et tous les autres vices de la servitude, t'avoir jeté dans une misère crapuleuse, il finirait par te donner une vieillesse honteuse et misérable. Sois donc sobre si tu veux être heureux et libre : car celui qui ne sait pas soumettre ses passions à la raison est toujours l'esclave des passions ou de la raison des autres.

Sois sobre si tu veux être actif et vigoureux, car les maladies produites par l'intempérance sont plus nombreuses et plus incurables que celles qu'enfantent le besoin ; sois sobre si tu veux

veux être intelligent, car l'esprit ne saurait voir à travers les vapeurs qui s'élèvent de l'estomac.

Sois sobre si tu veux être content de toi-même et des autres, car les mauvaises digestions rendent l'esprit chagrin et l'humeur sombre; sois sobre si tu veux élever une famille, et n'oublie jamais que chacune des superfluités que tu te donnes est prise sur ce qui doit satisfaire un jour tes besoins les plus pressants, et ceux de tes enfants et de ta femme: il en coûte plus cher pour entretenir un vice que pour élever deux enfants.

Succession des Saisons.

42e Leçon.

L'inégalité de température dans l'année et la diversité des saisons découlent du mouvement de la terre autour du soleil.

Mais ne voilà-t-il pas que des enfants insubordonnés envers leur père d'en haut osent nous dire que notre globe serait un paradis de délices, si un printemps perpétuel remplaçait l'inconstance des saisons!

Ainsi déraisonnent de pauvres humains dont les paroles sont irréfléchies parce qu'ils n'ont jamais pris la peine de penser.

La diversité des saisons varie les besoins de la vie, donne par là l'éveil à la pensée, force à des recherches et encourage les sciences et l'industrie.

Regardez le nègre de la zône torride étendu tout le jour sur le ventre comme un stupide animal, tandis que sa femme gratte un peu la terre pour y enfouir quelques grains de maïs.

Une égalité parfaite autour de nous tuerait la pensée en l'endormant, et l'absence des désagréments nous enlèverait nos plaisirs.

Il est très peu de plantes et d'animaux qui, pour subsister, n'aient pas besoin de changements dans la température;

la rendre égale, ce serait grandement appauvrir les deux règnes.

Nous verrions avant peu s'évanouir une quantité infinie d'espèces animales et végétales.

Nous tomberions, d'un autre côté, dans une monotonie non-seulement dégoûtante, mais encore insoutenable.

Comme les mêmes choses seraient communes à tous les peuples de la terre, il n'y aurait plus entre eux aucun échange ni commerce, et ils deviendraient entièrement étrangers les uns aux autres.

Personne, en outre, n'aurait la moindre envie de se déplacer pour aller acquérir ailleurs des renseignements qu'il aurait sous la main chez lui.

L'atmosphère deviendrait immobile sur tout le globe; car c'est principalement l'inégalité des saisons dans le même temps qui ébranle et qui soulève les vents.

Elle ressemblerait donc à ces mares d'eaux stagnantes où ne vivent que des crapauds, qui en sortent à volonté pour humer l'air sur la pelouse voisine.

Vous verriez fondre sur la terre des maladies qui entraîneraient irrésistiblement dans la tombe tous les êtres vivants.

Ainsi ce paradis terrestre ne serait plus qu'un vaste cimetière, après avoir été un vaste cloaque.

Que l'homme ne s'avise donc pas de censurer le cours de la nature, lui qui est incapable de produire un brin d'herbe.

La critique ne déshonore pas seulement son esprit, mais elle accuse aussi son cœur d'insensibilité envers le ciel.

Conseils d'un vieux Fermier à son Fils.

43e. Leçon.

Il est là-haut, mon fils, un arbitre suprême,
Auteur de l'Univers et de l'homme lui-même;
Il est bon, un moment, sa bonté nous a placés
Pour cultiver les fruits qu'il nous a dispensés,
C'est la terre, et ses dons, et l'eau qui les féconde,
Et cet astre de feu, l'air et l'âme du monde,

Tout vient de Dieu, mon fils ; nous ne pouvons le voir,
Mais lui-même, en tout temps, nous voit tels que nous sommes ;
En vain l'on se déguise, on trompe en vain les hommes,
On ne peut tromper Dieu : la pureté du cœur
Est la plus digne offrande à ce grand bienfaiteur ;
C'est par là seulement que Dieu est son image.
Dans les jours solennels porte-lui cet hommage ;
Au bœuf qui, dans les champs, partage tes travaux,
Fais aussi ce saint jour partager le repos.
Ménage tes voisins, sois pour eux un modèle ;
Prends leurs biens, leurs troupeaux sous ta garde fidèle ;
Si tu veux qu'en retour de ces égards touchants,
Ils protègent aussi tes troupeaux et tes champs.
Sur leurs moissons jamais ne porte un œil d'envie,
Et pourquoi ce péché corromprait-il ta vie ?
Les récoltes d'autrui ne sauraient t'offenser,
C'est en cultivant mieux qu'il faut les surpasser.
Évite les procès, cette guerre civile
T'enlève à ta charrue et t'entraîne à la ville,
Où l'éternel débat de leurs droits ambigus
Ruine également et vainqueurs et vaincus.
Oblige quand tu peux, mérite que l'on t'aime ;
Ne compte sur personne autant que sur toi-même.
La terre et le travail sont tes premiers amis :
Ceux-là donnent toujours tout ce qu'ils ont promis.
Admire les grands biens ; mais que ta destinée
Soit de tirer parti d'une ferme bornée :
On n'y perd pas, mon fils ; cent arpents bien tenus
Valent pour le bonheur et pour les revenus
Mieux que les mille arpents d'un immense domaine ;

Déserts que l'on sillonne, et qu'on engraisse à peine.
Quand il leur faut lutter contre ces champs trop forts,
L'art du cultivateur fait d'impuissants efforts.
Cet art est un combat entre l'homme et la terre,
Qui n'est pas bien armé ne fait pas bien la guerre.
Mon fils, sois réservé dans les nouveaux essais
Dont le temps n'aura pas garanti les succès:
Mets un terme à tes vœux; Dieu plaça la sagesse
Loin de la pauvreté comme de la richesse.
Souvent pour la vertu le riche n'est pas né,
Vers le crime souvent le pauvre est entraîné.
L'opulence éblouit; peut-être est-elle à plaindre
Autant que l'indigence elle-même est à craindre.
Tiens un juste milieu; ne sois point envié,
Mais ne sois pas non plus un objet de pitié.
Que toujours ta conduite et juste et modérée
Trace dans ta maison une règle assurée
D'une vaine colère évite les éclats,
Avec la violence on ne gouverne pas.
C'est l'équité qui règne et la douceur qu'on aime:
Vois dans tes serviteurs ta famille elle-même;
Il faut par leur amour s'assurer de leur foi;
Tu seras content d'eux s'ils sont contents de toi;
L'aiguillon le plus vif est le désir de plaire.
Ne les fraude jamais de leur juste salaire.
Sains, fais-les travailler; malades, prends soin d'eux.
Sois homme les hommes enfin, si tu veux être heureux.
Par la seule vertu sois sûr que tout prospère.

Le Dogue de la Forêt d'Orte.

44e Leçon.

Dans le cruel et trop mémorable hiver de 1709, où le blé, les vignes, les oliviers et les arbres à fruits gelèrent en France, les loups firent d'affreux ravages dans les campagnes et se jetèrent sur les hommes eux-mêmes. Une de ces bêtes féroces, après avoir brisé une fenêtre, entra dans une chaumière de la forêt d'Orte, près d'Angoulême. Deux enfants, l'un de six ans et l'autre de huit ans, étaient couchés en attendant leur mère qui était allée chercher du bois pour leur faire un peu de feu. Ne voyant point de résistance, le loup sauta sur le lit et cherche à dévorer sa tendre proie.

Saisis d'une frayeur subite, les deux petits garçons se glissèrent bien vite sous le matelas, et s'y tinrent blottis sans souffler. Si voisin de la chair qui l'alléchait et ne pouvant l'atteindre aussitôt, l'animal meurtrier n'en devint que plus animé; il se mit à déchirer la couverture à grands coups de dents, et la mit en pièces ainsi que les draps.

Tout faibles qu'étaient ces obstacles, ils furent néanmoins le salut de ces petits enfants. En effet, tandis que le loup furieux les cherchait, un énorme dogue qui avait suivi leur mère, arrive à temps pour les délivrer. L'attaque [illegible] l'odeur fétide du loup saisit son odorat à plus de cent pas de la maison vers laquelle la villageoise, chargée de fagots, s'acheminait lentement. Il accourt avec la vitesse du cerf; il entre comme un lion et tombe sur l'ennemi qui se cache soudain dans un coin obscur; il saisit le lâche assassin à la gorge, il le traîne à la porte et l'étrangle sur-le-champ.

Qu'on se peigne l'état affreux de la mère à son retour; elle voit un loup étendu à terre, le dogue rempli de sang, son lit au pillage, et plus d'enfants!.. Pressentant en quelque sorte l'inquiétude de sa maîtresse, le chien se porte vers elle avec une sollicitude énergique; puis, retournant au lit, il fourre sa tête à diverses reprises sous le matelas, et semble lui dire qu'elle peut trouver là ce qu'elle a de plus cher.

Cette femme éplorée s'approche; elle allonge la main en tremblant et sent les deux petits innocents immobiles. Elle se hâte de les retirer, il en était temps: un moment plus tard, ils étouffaient. Dès qu'ils eurent repris leurs sens, ils racontèrent ingénuement les périls qu'ils venaient de courir, comment le loup était entré, et la manière dont ils s'en étaient garantis. Le dogue, tout content d'avoir sauvé la vie à ces petits garçons, se mit à les lécher, et leur fit autant de caresses que la mère elle-même.

Le bon Usage des Richesses.

45.e Leçon.

M. Dubois était venu s'établir à la campagne avec ses trois enfants pour y passer la belle saison. Il donna trente francs à chacun d'eux en les exhortant à les bien employer; il ajouta qu'ils devraient lui en rendre compte un peu avant que de retourner en ville.

Quand ce temps fut arrivé, Philippe, l'aîné des trois, dit à son père: « Oh, j'aurai sûrement votre approbation, mon papa, vous allez voir comme j'ai bien conservé mon argent, » et il courut à son bureau, d'où il tira une petite bourse qui renfermait la somme intacte, car il n'en avait pas dépensé un sou. Eh bien ne suis-je pas un bon économe, dit-il, en étalant son argent sur la table. »

— Tu n'es que trop économe, répondit le père; tout à l'heure je te dirai ce que j'en pense. Et toi, Louis, qu'as-tu fait de ton argent? — Moi, mon papa, oh, il m'a procuré un plaisir de prince. J'avais fait changer la somme en petites pièces et en sous. Un dimanche que tous les enfants du village étaient rassemblés, je m'avise de leur jeter toute cette monnaie. Oh, il fallait voir comme ils se pelotaient, comme ils se prenaient par la tête; c'était à en mourir de rire; les parents survinrent, ils se mirent en colère de ce que les enfants avaient gâté leurs beaux habits des dimanches en se roulant dans la boue, et les petits malheureux s'en retournèrent à la maison bien grondés et bien battus.

M. Dubois secoua la tête et appela Caroline

– Et toi, ma fille, quel usage as-tu fait de ton argent? Caroline rougit et paraissait avoir de la peine à s'expliquer; le père, étonné de son embarras, réitéra sa question. – Puisque vous l'ordonnez, dit-elle enfin, je vous l'avouerai, mon papa. Vous savez qu'un pauvre garçon charpentier tomba d'une échelle il n'y a pas longtemps, et se cassa la jambe. J'eus pitié de cet homme et je fis payer son chirurgien par notre servante: cela m'a coûté quinze francs.

46e Leçon.

Un jour, pendant que je regardais battre le blé dans la grange, les filles d'un des ouvriers, deux petites paysannes à peu près de mon âge, s'amusaient et couraient autour de moi. En sortant de la maison, j'avais pris les fables de Florian et les avais posées sur un banc de la cour, à côté de mon ouvrage. Les deux sœurs ouvrirent le livre et l'examinèrent avec curiosité. Je leur demandai si elles pouvaient y lire. – Non, répondirent-elles. – N'allez-vous point à l'école, demandai-je? – Nous serions bien aises d'y aller, disent ces pauvres petites, mais notre père n'est pas en état de faire cette dépense.

J'en témoignai ma surprise au père. « Hélas! me dit-il, où prendrais-je l'argent qu'il faut pour cela? J'ai à la maison une femme malade, et tout ce que je puis faire est de procurer un peu de pain à ma famille. Pour envoyer mes enfants à l'école, il en coûte cinq sous par semaine; comme elles sont deux, cela coûterait dix sous, et puis ne faut-il pas encore des livres que nous n'avons point.

Je dis alors aux deux petites filles que si elles

avaient envie d'aller à l'école, je paierais tout ce qui serait nécessaire, et ces pauvres enfants se mirent à sauter de joie. Cette dépense se monte à deux francs par mois, j'en ai payé trois d'avance, et outre cela quelques fournitures classiques. J'ai employé deux francs à diverses petites aumônes; un franc pour remplacer une assiette de porcelaine que le pauvre Jean a cassée (je ne voulais pas vous l'avouer, mon papa, de peur de vous faire de la peine); un franc vingt centimes pour un mouchoir dont j'ai fait présent à notre servante lors de son jour de naissance; du reste, de mes trente francs, j'ai acheté pour moi deux petits livres.

— C'est assez, dit le père, en la pressant tendrement sur son sein, tu es une bonne, une excellente fille; toi seule as bien employé ton argent, et à l'avenir je n'exigerai plus que tu m'en rendes compte. Toi, Philippe, remets ton trésor à Caroline, car il ne te sert à rien; des jetons ou des cailloux occuperont tout aussi bien la place de tes trente francs. Et toi, Louis, tu ne connais pas non plus le prix de l'argent; car en faire un mauvais usage ne vaut pas mieux que de n'en pas user. Celui que tu as semé entre ces enfants a-t-il fait du bien à un seul d'entre eux? Si jamais je te donne de l'argent à l'avenir, je veux qu'avant de faire la moindre dépense, tu consultes Caroline et suives ses conseils jusqu'à ce que toi-même sois devenu assez raisonnable pour en faire un bon emploi.

Madame de Lavalette.

47. Leçon.

M. de Lavalette, condamné à mort en 1815 pour crime

de haute trahison allait subir son arrêt. La Cour de cassation avait rejeté son pourvoi. L'exécution, fixée au 21 décembre, devait avoir lieu dans vingt-quatre heures. Les précautions les plus sévères étaient prises pour prévenir l'évasion du condamné. Il avait été défendu au concierge de la prison de ne laisser communiquer personne avec lui sans un ordre exprès du procureur général.

La veille du jour fatal, Mme de Lavalette, accompagnée de sa fille et d'une femme de service, se présente à la Conciergerie pour voir une dernière fois son malheureux époux. Le concierge, accoutumé à la recevoir, conduit cette femme éplorée dans la chambre du condamné, et se retire pour ne point troubler leurs adieux.

A sept heures du soir, on vient avertir les porteurs de la chaise dans laquelle était venue Mme de Lavalette, que cette dame se dispose à partir. Au bout de quelques minutes, des gémissements se font entendre dans le couloir. Trois personnes se présentent : l'une d'elles est couverte des vêtements de Mme de Lavalette ; un chapeau noir à longues plumes couvre sa tête ; elle porte son mouchoir sur sa figure, comme pour étouffer ses sanglots, et s'appuie sur Mlle de Lavalette qui pousse des cris douloureux. Le concierge, touché de pitié, n'a pas le courage rigoureux d'écarter le mouchoir. Trompé par l'habillement, par les marques d'affliction dont il est témoin, par la lueur incertaine des lampes qui éclaire ce triste séjour, il offre la main à la personne qu'il prend pour Mme de Lavalette et la conduit ainsi jusqu'au dernier guichet, où l'attendait la chaise à porteurs.

Encore ému de ce spectacle, il rentre dans la chambre du condamné ; un léger bruit se fait entendre derrière un paravent ; le concierge se retire dans la crainte que sa présence ne soit importune. Il revient une seconde fois, le même bruit se renouvelle ; il appelle : point de réponse. Inquiet, il s'avance, reconnaît Mme de Lavalette, et s'écrie : « Ah ! Madame, vous m'avez trahi ! » Il va pour donner l'alarme, Mme de Lavalette s'élance vers la porte, s'attache à ses habits : « Demeurez, de grâce, Monsieur demeurez.... — Non, madame, cela est affreux.... » L'habit du concierge est déchiré : il s'échappe, il appelle du secours ; son fils s'élance à la poursuite du condamné. Il atteint la chaise au débouché de la rue de Jérusalem, l'arrête, l'ouvre, mais il n'y trouve plus que Mlle de Lavalette ; son père était déjà sauvé.

Le Chevalier Paulet.

48e. Leçon.

Le chevalier Paulet, brave militaire retiré, ne possédait qu'une fortune très-bornée, qu'il consacrait cependant à faire le plus de bien possible. Un jour, se promenant dans le bois de Vincennes, il rencontra un pauvre enfant couvert de haillons, et dans l'état le plus misérable. Le petit malheureux versait des larmes, et paraissait tout à fait abandonné. Le bon chevalier, touché de compassion, et poussé par un mouvement de cette charité chrétienne qui recommande de secourir son semblable, conçut aussitôt le projet de recueillir chez lui et d'adopter ce petit infortuné. Il l'emmena en effet dans sa maison, et commença à lui servir de père et d'instituteur. Il n'y avait pas encore longtemps que le chevalier se livrait à ce soin charitable, lorsqu'un jour son élève lui amena deux de ses compagnons aussi dépourvus que lui-même il l'était lorsqu'il fut rencontré dans le bois de Vincennes. « Mon bienfaiteur, dit-il, avec une confiance tout ingénue, faites pour eux ce que vous avez fait pour moi. » L'excellent homme n'eut ni la force ni la volonté de résister ; il les reçut. Il en arriva d'autres, il les reçut encore, et sa maison devint bientôt l'asile des pauvres orphelins. Mais comment faire pour instruire tous ces orphelins ? La fortune du chevalier pouvait à peine suffire à les entretenir ; il ne fallait pas songer à payer des maîtres. Heureusement l'amour du bien est ingénieux ; il inspira au chevalier la plus heureuse idée. « Il faut, dit-il, que ces enfants s'instruisent entre eux. Tenez, mes amis, voici des livres et des modèles d'écriture. Les plus intelligents montreront aux autres ce qu'ils apprendront, et je ferai tout ce que je pourrai pour vous aider. »

ce plan réussit on ne peut mieux. C'était un spectacle charmant de voir cette réunion d'enfants, tous animés du désir de s'instruire, et d'une honorable émulation. Les plus habiles, qui saisissaient le mieux les leçons, les répétaient aux autres. Cette manière de travailler en commun donnait à l'étude un charme tout particulier qui la transformait en un véritable amusement; aussi les élèves du chevalier firent-ils de rapides progrès. Bientôt l'institution fit du bruit; on en parla comme d'une petite merveille. Le bon roi Louis XVI voulut la connaître; il la vit et lui accorda un secours de 30,000 francs sur sa cassette. Ce fut ensuite à qui pourrait y être admis en payant. Cela a duré jusqu'à la révolution; alors l'établissement fut renversé. Pendant qu'au milieu de nos malheurs nous laissions cette méthode dans l'oubli, le docteur Lancaster en fit présent à son pays.

Trait de Courage de deux Grenadiers français.

49e Leçon.

Un affreux incendie consuma plusieurs maisons de Nancy en 1766. Le fléau était d'autant plus rapide et plus terrible, qu'il attaquait des maisons du peuple, où l'indigence avait presque partout substitué les bois à la pierre. Un vent très violent hâtait encore les progrès du désastre. Des flammes sortaient par les toits; toutes les poutres étaient embrasées, plusieurs pignons déjà renversés dans les cendres, annonçaient l'écroulement universel et prochain. Les pompes demeuraient inutiles malgré leur activité; et ni pompiers, ni personne, n'osait se hasarder davantage sous ces murailles, où l'on n'avait plus qu'un tombeau à espérer.

Au milieu des cris et du désespoir, des hurlements, du désordre d'une populace effrayée, une femme attirait tous les yeux par le caractère auguste de sa douleur : c'était une mère.

La malheureuse, en larmes, voyait les tourbillons de feu s'avancer vers une chambre d'un quatrième étage, où la frayeur, le tumulte, et la fatalité trompant sa tendresse, lui avaient fait abandonner dans leur berceau deux enfants qu'elle n'aimait que davantage pour n'avoir pas de pain à leur donner.

A genoux, les mains au ciel, la mort au cœur, les yeux fixés sur les flammes qui gagnent sans cesse, et la brûlent sans la toucher, elle désigne l'endroit, invoque du secours, n'excite qu'une pitié vaine, que la terreur et le danger glacent aussitôt. Le régiment du roi, infanterie, était en garnison dans la ville. Deux grenadiers s'avancent. Ils s'informent de la mère navrée, des issues de la chambre où sont déposés ces infortunés. Instruits, c'est sur des poutres brûlantes qu'ils volent à une gloire aussi vraie et peut-être plus douce que celle qui leur est déjà connue.

Soudain ils disparaissent dans les nuages de fumée qui s'élèvent. A peine sont-ils entrés que la maison croule. La mère tombe et croit tout perdu .. les mêmes braves reparaissent, leurs vêtements demi-brûlés, leurs cheveux roussis jusqu'aux racines, et tendent chacun un enfant à cette mère, qui s'éveille aux acclamations du peuple, au bruit de l'édifice qui s'abîme en entier, et à la vue de ses libérateurs.

Le charitable Enfant.

50e Leçon.

J'étais sorti vers les dix heures du matin pour aller au Palais-Royal. Le boulevard était traversé, j'aperçus en entrant dans la rue de la Michaudière, un jeune enfant en uniforme bleu, et qui paraissait d'environ douze à treize ans, blond, petit, riant, les yeux doux, la physionomie ouverte. Il tirait de sa petite bourse un sou qu'il donna avec une grâce tout à fait sensible et touchante, à un pauvre aveugle assez ordinairement posté dans ce coin-là. Je m'arrêtai une minute ou deux pour contempler une des plus charmantes choses qu'il y ait sous le ciel ; je veux dire une physionomie animée par la bienveillance et empreinte par cette demi-teinte de pudeur qui colore les jouer mêmes de l'innocence lorsqu'elle sent un plaisir bien vif. Celui que je goûtais dans ce moment ne le cédait guère au sien. Il remet sa bourse rose dans sa poche, et poursuit son chemin. Je l'accoste et lui dis : « Mon petit ami, c'est bien à vous de secourir les malheureux ! mais, dites, vous avez donc la haute paie, pour être aussi généreux, ou vous n'aimez pas les bonbons ? — Monsieur, m'a-t-il dit, en me regardant avec attention, j'ai une mère qui m'aime beaucoup ; elle me donne toujours quelque chose en cachette ; il est bien naturel d'en faire part aux pauvres, aux pauvres aveugles surtout ; ils sont si à plaindre de ne pas voir le soleil ! Je donne peu ; si j'étais riche, je donnerais davantage. » Cela fut prononcé d'un ton si vrai, si peu fastueux, que mon premier mouvement fut l'admiration, et, presque sans y réfléchir, je tirai de ma poche un écu, en lui disant avec émotion : « Mon ami, vous êtes une créature parfaite ; faites-moi le plaisir de devenir mon aumônier aujourd'hui, et de distribuer cela sur votre route. — Monsieur, m'a-t-il répondu avec une honnêteté franche et sans les simagrées de la politesse du beau monde, je n'ai point l'honneur de vous connaître, et quand je vous connaîtrais, je ne saurais accepter cet argent. Je n'en ai pas besoin s'il vous est aussi facile qu'à moi de les donner aux pauvres... Je n'aime pas les bonbons, a-t-il ajouté en me souriant avec finesse. » J'ai conçu soudain une sorte de respect pour la noble délicatesse de cet aimable enfant. J'ai rougi, je l'avoue, d'en montrer moins que lui, en lui offrant, pour récompenser son humanité, une manière de salaire grossier et si peu comparable au plaisir si pur de sa belle âme. « Au moins, lui ai-je dit, au bout de la rue et vis-à-vis St Roch, où je l'ai quitté avec regret, au moins vous me direz votre nom. — Monsieur, je m'appelle Liron ; mon père sert aussi, et pense comme moi. — « Il demeure?.. — A Versailles. »

Autant qu'il m'a paru par les tavelures qui bariolaient son uniforme, cet enfant est dans les musiciens des gardes françaises, et je crois qu'il venait du dépôt qui se trouve à la Chaussée-d'Antin, vis-à-vis l'hôtel de Montmorency. Puisse l'homme heureux qui possède un fils si bien né, voir un jour les fruits que promettent de telles fleurs, et verser aujourd'hui de douces larmes en lisant ce trait rare et délicieux.

Quatrième Partie.

Style épistolaire.

Le Précepte et l'Exemple du Style épistolaire.

51e Leçon.

Le style épistolaire est, dans chaque langue, celui qui exprime le mieux les pensées de l'âme.

Une lettre bien écrite a des beautés qui enchantent; elle commence sans exorde, suit sans narration, s'explique sans artifice, prouve sans autorité, raisonne sans dialectique, persuade sans péroraison.

J'observe seulement que les longues lettres ne sont pas les meilleures, et qu'on ne les pardonne que quand, comme le disaient souvent Pascal et Nicole, on n'a pas eu le temps de les faire plus courtes.

Saint-Grégoire, écrivant à Nicobule, son parent, trace à la fois le précepte et l'exemple du style épistolaire :

« Vous me demandez comment on doit écrire une lettre. Voici, mon cher Nicobule, quelques observations dont vous pourrez faire votre profit.

» Il est des gens qui, dans leurs lettres, cheminent toujours sans savoir où s'arrêter; d'autres, au contraire, atteignent un laconisme déplacé : c'est ce qui s'appelle tirer au-delà ou en-deçà du but et s'écarter du juste milieu qui consiste à se régler sur le besoin.

» Avez-vous beaucoup de choses à dire? vous feriez mal de vous resserrer dans un espace trop étroit.

» Un mot suffit-il pour rendre votre pensée? épargnez-moi des détails prolixes, et, partant, peu agréables.

» On doit mesurer la longueur ou la brièveté d'une lettre sur ce qui en fait le sujet.

» Ce n'est pas assez d'être précis, il faut sur toutes

choses être clair : une lettre n'est pas une énigme ; mieux vaudrait être un peu causeur que d'être obscur en visant trop à la brièveté.

« En un mot, une lettre écrite avec la clarté convenable, une lettre bien écrite est celle qui, entendue de l'ignorant comme de l'homme instruit, plaît à tous deux également.

« Une troisième qualité, c'est la grâce ; sans elle, une lettre est sèche, triste, monotone ; avec elle, au contraire, le style s'égaie et coule avec douceur : maximes piquantes, proverbes cités à propos, petites anecdotes, suspensions badines, saillies ingénieuses, elle admet tout ce qui peut éveiller l'esprit, mais, toutefois, sans affectation.

« La pourpre ne s'emploie qu'en bordure, et la lettre ne souffre qu'une élégance sans apprêt.

« Le style figuré n'y est de mise qu'à cette condition qu'il se montrera rarement et avec modestie.

« Nous laisserons aux rhéteurs les apostrophes, les antithèses, les membres de phrase distribués avec symétrie ; ou si, parfois, il nous prend envie de leur emprunter cet appareil, que ce soit en nous jouant.

« Je ne puis mieux finir que par ce trait d'un apologue. « Autrefois, les oiseaux se disputant la royauté, et chacun s'empressant d'orner son plumage, l'aigle seul jugea que sa plus belle parure était de n'en point avoir.

« La plus belle lettre, à mon avis, est celle qui tire toute sa parure de la manière simple, aisée, naturelle dont elle est écrite. »

Telles sont, je crois, les qualités du style épistolaire.

Ce que je puis avoir omis vous sera suggéré par vos propres réflexions, ou suppléé par les habiles maîtres que vous entendez tous les jours.

Lettre de bonne Année à un Oncle.

52e Leçon.

Mon cher Oncle,

J'étais décidé à vous adresser en vers

un beau compliment ; mais après avoir par mal travaillé et m'être mis l'esprit à la torture pour trouver des expressions dignes de vous, et capables de rendre ma pensée et mes sentiments d'affection, je me suis arrêté, désappointé, contrarié, ennuyé, et sans Boileau qui a dit quelque part, dans un passage qui m'est applicable :

« Pour lui Phébus est sourd et Pégase est rétif »
je vous assure que j'aurais été désespéré.

Si donc, dans plus d'un cas, l'intention est réputée comme fait, vous accepterez mon empressement et mon bon vouloir au lieu et place de la réalité, et pour me consoler vous me direz qu'on a porté ce nouveau vers du même auteur :

« Il se tue à rimer, que n'écrit-il en prose ? »

Puisqu'il le faut enfin, je laisse de côté les termes cadencés et choisis, et viens tout bonnement, tout simplement, sans apprêt, en langage vulgaire, en prose enfin, vous offrir mes vœux de bonne année.

Pour tout lustre, ils auront la sincérité, elle remplacera la mesure et la rime poétiques.

Soyez heureux, cher Oncle ! Que Dieu qui reçoit ma prière, vous comble du bonheur que vous méritez.

Qu'il éloigne de vous tout ce qui pourrait vous être désagréable, et qu'il fasse que vos moindres désirs aient une réalisation durable !

J'offre mes souhaits de nouvel an à ma chère Tante, et vous prie d'être mon interprète pour les mêmes sentiments près de toute la famille.

Votre affectionné neveu.

* * *

Lettre de bonne Année à une Tante à laquelle on n'a pas écrit depuis plusieurs mois.

Une lettre d'Alfred ! Miracle ! Telle est, j'en suis sûr, l'exclamation qui part de votre bouche en voyant mon écriture.

Voilà, en effet, bien longtemps que je vous ai écrit, ma chère tante, et je ne sais, mais je crois fort que vous êtes à vous deman-der si vous avez ou non un neveu à Noyon.

En voyant cette épître, vous direz aussi : ah ! c'est heureux, sans l'époque du jour de l'an, Alfred ne m'aurait pas donné signe de vie.

J'interpréterais peut-être encore votre pensée sous un autre rapport ; mais elle me ferait injure et me peinerait trop, car je suppose que vous ne me placez pas au rang des ingrats.

Oubliez donc, je vous prie, un silence aussi long qui, je puis le dire, n'en est un que physiquement, car l'affection et la gratitude, pour ne pas être tracées dans une missive, n'en conservent pas moins dans le cœur toute leur force et tout leur empire.

Mais, trêve de protestations, d'affection et de reconnaissance ; je sais que vous m'avez jugé tel que je suis, que vous m'appréciez de ce côté à ma juste valeur, et cela me suffit.

Cette introduction, sans être néces-saire pour les sentiments que, chaque année, je viens vous exprimer, devait nécessairement précéder les quelques lignes qui suivent, et que je vous prie d'accepter en tout bien, tout honneur.

Mes vœux de nouvel an, comme les

années précédentes, je traduirons par ces deux mots:

Santé, bonheur!

Veuillez prendre ces expressions dans leur plus grande étendue; mais quelle que soit l'acception que vous leur attribuerez, croyez bien qu'elle sera encore au dessous de celle que leur donneront mes sentiments d'affection pour vous.

Tels sont mes souhaits: fasse le ciel qu'ils soient exaucés!

C'est là le plus cher désir de celui qui se dira toujours

Votre neveu bien affectionné, Alfred.

Lettre de bonne Année à un Supérieur que l'on vient de quitter.

53e. Leçon.

Monsieur,

Je n'ai pas voulu, à l'époque du nouvel an, vous adresser une carte de visite, un *souvenez-vous*, comme le savoir-vivre l'autorise, j'aurais cru non seulement manquer à la bienséance, mais plus encore à un de mes devoirs les plus doux et les plus chers.

Donc, malgré le peu de temps qui s'est écoulé depuis que je vous ai quitté, mon cœur a éprouvé le besoin de venir, en ce jour, vous dire les vœux bien sincères qu'il adresse au ciel pour votre félicité.

Veuillez, je vous prie, monsieur, ne pas confondre ces quelques lignes avec tant d'autres que l'usage seul dicte, et croire à la sincérité des souhaits que je forme pour vous.

Puissent-ils être entendus et exaucés, pour combler de joie celui qui a l'honneur d'être

Votre très-humble et très-obéissant serviteur.

× × ×

Lettre de Fête à un Protecteur.

Monsieur,

Il est des existences privilégiées pour lesquelles les souhaits sont des réalités durables.

On dirait que Dieu, en les comblant de tous ses dons, a pris à tâche de satisfaire jusqu'à leurs moindres désirs: pour elles rien n'est aléatoire!

Hélas! depuis longtemps, il n'en a pas été ainsi pour vous, Monsieur!

La chaîne du bonheur, pour tant d'autres sans solution de continuité, dans vos mains s'est rompue bien souvent!

Mais, pourquoi mes regards involontairement se tournent-ils vers le passé?

Où m'emportent de tristes souvenirs?

C'est aujourd'hui votre fête et ma plume fidèle, interprète de mes sentiments les plus sincères, ne doit exprimer que des voeux les plus ardents pour l'avenir.

Mon Dieu, vous les entendrez et vous les exaucerez parce qu'ils sont vrais, parce qu'ils partent du fond du cœur: vous éloignerez d'une tête si chère jusqu'à l'ombre des plus légers soucis! Vous protégerez dans votre bonté, celui qui a pris pour devise: « Faire le bien quoi qu'il arrive! »

Telle est la prière qu'au jour de votre fête, je supplie le Ciel d'entendre. Puisse-t-il vous conserver longtemps à l'affection des vôtre, et de ceux qui comme moi vous doivent tant !

Daignez agréer, Monsieur, avec les sentiments de la vive reconnaissance qui m'anime, l'hommage de mon entier et respectueux dévouement.

×××

Lettre à un Oncle sur la Mort d'un de ses Parents.

54e. Leçon.

Mon cher Oncle,

Je ne puis attendre plus longtemps pour vous écrire ; mon cœur a besoin de dire ce qu'il éprouve de pénible, de triste et d'affreux en présence des maux qui s'accumulent sur votre tête.

Hélas ! ce n'était pas assez dans le courant d'une année de perdre un gendre bien aimé, ou plutôt un excellent fils, il fallait encore qu'un ami, cher à plus d'un titre et qui eût été heureux de vous montrer toujours sa gratitude grandissant avec sa prospérité, qu'un protégé dont la seule ambition semblait être celle de se présenter à vous comme une de vos bonnes actions vivantes ; il fallait que vous le vissiez mourir ! et mourir au moment où la vie qui, jusque là n'avait été qu'un labeur, lui apparaissait sous d'heureux auspices !

Oh! c'est à vous remplir le cœur d'amertume et de haine! Mais non, vos décrets, ô mon Dieu, sont impénétrables. Vous nous éprouvez pour nous dire: levez les yeux, votre patrie n'est pas cette terre d'exil; levez les yeux: votre patrie c'est le ciel. Le Ciel, ah! oui, il faut y porter nos regards; là est la consolation, là nous précèdent et nous attendent les êtres que nous avons aimés. Douce pensée, qui seule peut tempérer notre profonde affliction et nos lamentables regrets.

Agréez, mon cher Oncle, l'hommage de mes sentiments de vive et sincère amitié.

Votre neveu bien dévoué. * * *

Lettre de reproche de Mme de Sévigné à son Ami le Juge-Président de Moulceau.

J'ai dessein, Monsieur, de vous faire un procès: voici comme je m'y prends, je veux que vous le jugiez vous-même.

Il y a plus d'un an que je suis ici avec ma fille, pour qui je n'ai pas changé de goût.

Depuis ce temps vous avez entendu parler, sans doute, du mariage de M. de Grignan avec Mlle de Saint-Amand.

Vous l'avez vue assez souvent à Montpellier pour connaître sa personne; vous avez aussi entendu parler des grands biens de M. son père; vous n'avez point ignoré que ce mariage s'est fait avec un assez grand bruit dans ce château que vous connaissiez

Je suppose que vous n'avez point oublié ce temps où commença la véritable estime que nous avons toujours conservée pour vous.

Sur cela, je mesure vos sentiments par les miens, et je juge que ne vous ayant point oublié, vous ne devez pas aussi nous avoir oubliées.

J'y joins même M. de Grignan dont les dates sont encore plus anciennes que les nôtres.

Je rassemble toutes ces choses, et, de tous côtés, je me trouve offensée; je m'en plains à vos amis, je m'en plains à votre cher Corbinelli, confident jaloux et témoin de toute l'estime et l'amitié que nous avons pour vous, et enfin je m'en plains à vous-même, Monsieur.

D'où vient ce silence? Est-ce de l'oubli? est-ce une parfaite indifférence? Je ne sais. Que voulez-vous que je pense? à quoi ressemble votre conduite? Donnez-y un nom, Monsieur; voilà le procès en état d'être jugé.

Jugez-le, je consens que vous soyez juge et partie.

Lettre à un Père
sur la Mort de son jeune Enfant.
55e Leçon.

Mon cher Cousin,

Sous l'impression du triste message que vient de nous apporter la poste, et auquel nous étions si loin de nous attendre, j'essaie de vous tracer quelques lignes.

Nous partageons toute la juste douleur que doit vous causer une pareille perte, et savons par expérience combien il est cruel et déchirant de perdre ceux qu'on aime, qu'on chérit.

Et pas de consolations ici-bas? Et que seraient d'ailleurs ces consolations pour de telles infortunes, pour de tels malheurs?

Ah! levons plutôt nos yeux au ciel, mais essuyons nos larmes; l'ange que nous pleurons y a [illegible] place parmi les saintes et innombrables phalanges du Très-Haut; il s'étonnerait peut-être de voir nos joues mouillées, lui à qui la Providence a fait grâce des jours qu'il devait couler!

Courage, bon cousin, soyez fort; que votre résignation modère votre profonde douleur, et tempère les regrets d'une mère si rudement éprouvée.

Recevez, cher et infortuné cousin, l'expression de ma vive et sincère amitié. × × ×

Lettre d'un Prêtre (l'Abbé Lemaire).

injustement persécuté et retenu en Prison, à un ami (le poète Ducis) qui cherchait à lui être utile.

Les hommes ont beau faire, mon ami, il n'en arrivera que ce qu'il plaira à Dieu.

Quant à moi, je suis prêt au départ.

La vie que je mène ici depuis six semaines n'est pas si rude que vous vous le figurez.

Je possède ici mon cœur en paix; j'y dors d'un bon somme, j'y prie Dieu pour vous, pour moi; je le bénis de m'avoir donné un ami chrétien, dont la charité courageuse m'a ému profondément; car j'ai tout su.

Que votre zèle s'arrête là, mon ami, en voilà bien assez.

Ne gâtez point mon repos par des inquiétudes sur vous, je vous en prie et, au besoin, je vous l'ordonne.

Si Dieu m'appelle à lui par cette voie, j'aurai connu, grâce à vous, ce que la vie et la mort peuvent avoir de plus doux.

Adieu, cher Denis, quoi qu'il arrive, nous nous reverrons; adieu, soumettez-vous et ne me répondez pas.

Lettre de Remercîment de M. Charles Nodier à Mlle Fanny Robert, jeune Sourde-muette, qui, à l'insu de cet Écrivain, avait fait le Portrait de sa Fille, Mlle Désirée Nodier.

56e Leçon.

Je vous remercie, belle, chère et admirable Fanny! jamais plaisir n'a été plus complet et plus doux que celui que m'a donné votre délicieux dessin. Toutes les charmantes idées de la vie sont là, c'est Désirée et c'est vous!

Ne regrettez pas le sens que Dieu vous a ôté, Fanny; c'est qu'il hésitait à vous faire âme ou corps, et que les misérables organes du vulgaire seraient une disgrâce pour les anges.

La parole est si peu de chose, une expression si imparfaite de la pensée, que les malheureux qui comme moi, sont obligés d'en faire métier, ne s'en servent qu'avec dégoût quand ils s'élèvent par l'imagination, au mystère d'une pure intelligence.

Voyez ce que j'en fais avec vous; que puis-je vous dire qui peigne mon admiration, mon enthousiasme, ma reconnaissance, ma tendresse?

Hélas! tout cela n'est rien, tout cela n'est pas ce que je sens: ce que je sens, cherchez-en le secret dans votre cœur, il me traduira mieux.

Mille grâces, chère Fanny, mille, cent mille, des millions, autant qu'il y a de perfections en vous, de ressources dans votre esprit, d'heureuses inspirations dans votre génie.

Aimez-nous comme nous vous aimons.

Lettre de Thomas à Ducis.

Mon cher Ami,

Je voudrais pouvoir vous accompagner dans votre voyage à la Grande Chartreuse. Ce lieu est fait pour vous. Combien il réveillera dans votre imagination d'idées mélancoliques et tendres! Je vous connais; vous serez plus d'une fois tenté d'y rester; vous n'en partirez du moins qu'avec les regrets les plus touchants. Ces pieux solitaires ont abrégé le chemin de la vie; ils ne s'occupent que du dénouement et s'y préparent sans cesse. C'est bien là que la vie n'est que l'apprentissage de la mort; mais la mort y touche aux cieux; c'est une porte qui s'ouvre sur l'éternité, l'horreur même du désert qu'ils habitent ressemble à un tombeau. Il semble que déjà ils se sont retirés de la vie le plus loin qu'ils ont pu. Ah ! que la vue de Ferney sera différente à vos yeux ! Quel contraste ! Là tout tendait à la gloire, à l'agitation, au mouvement. C'était pourtant aussi une retraite, mais celle d'un homme qui de là pouvait remuer le monde, et se mêlait à tous les événements dont le bruit même le plus éloigné ne parvient pas jusqu'aux autres. On a de la peine à s'imaginer encore aujourd'hui que sa cendre soit tranquille !..

J'ai appris avec douleur la mort de ce pauvre abbé Millot. Mon cher ami, les compagnons de nos [illegible], et les rangs se serrent de moment en moment, cela est effrayant. Aimons-nous jusqu'au dernier jour, et que celui qui survivra à l'autre aime toujours et chérisse sa mémoire. Quel asile plus respectable et plus doux peut-elle avoir que le cœur d'un ami ? C'est là qu'elle repose, au lieu que dans l'opinion et dans la gloire, elle est errante et agitée.

Lettre d'Excuses à un Ami.

57e Leçon.

Monsieur,

Daignerez-vous bien encore me recevoir en grâce après une aussi indigne négligence que la mienne.

J'en sens toute la turpitude & je vous en demande pardon de tout mon cœur.

A le bien prendre cependant, quand je vous offense par mes retards déplacés, je vous trouve encore le plus heureux des deux.

Vous avez été à mon égard la plus bonne de

toutes les vertus de l'amitié, l'indulgence ; et vous goûtez le plaisir de remplir les devoirs d'un parfait ami, tandis que je n'ai que de la honte et des reproches à me faire sur l'irrégularité de mes procédés envers vous.

Vous devez du moins comprendre par là que je ne cherche point de détour pour me disculper.

J'aime mieux devoir mon pardon uniquement à votre bonté que de chercher à m'excuser par de mauvais subterfuges.

Ordonnez ce que le cœur vous dictera du coupable et du châtiment ; vous serez obéi.

Je n'excepte qu'un seul genre de peine qu'il me serait impossible de supporter : c'est le refroidissement de votre amitié.

Conservez-la moi tout entière, je vous en prie ; et souvenez-vous que je serai toujours votre tendre ami, quand même je me rendrais indigne que vous fussiez le mien.

J. J. R.

Lettre d'un Frère à sa Sœur.

Ma chère Sarah,

Je me suis engagé à t'écrire les petites histoires que notre maître est dans l'habitude de nous raconter les jours où, par suite du mauvais temps, les promenades accoutumées n'ont pas lieu.

Je veux tenir ma promesse, bien que le style de Jean soit un peu long ; surtout ne te plains que de mon griffonnage ; je n'ai pas le temps de m'appliquer.

Figure-toi que c'est de la lettre, s'il on peut appeler cette une lettre, va me prendre au moins quatre séances! Juge s'il faut que je sois loyal pour ne pas manquer de parole devant une pareille tâche.

Il est vrai que je pourrais bien abréger un peu, mais je craindrais de t'envoyer ma narration par trop décousue, et tu m'en voudrais d'agir ainsi. Bref, je commence, prépare-toi à rire.

Les Aventures de Gros-Jean.

Gros-Jean avait servi son maître pendant sept ans. Alors il lui dit: « Maître, mon temps est fini, je voudrais maintenant retourner chez ma mère; payez-moi mes gages.

Le maître répondit: tu as été un bon serviteur; tel service, tel salaire.

Et, pour le payer, il lui donna un gros sac de pièces de cinq francs.

Gros-Jean tira son mouchoir de sa poche, y enveloppa son argent, mit le paquet sur son épaule et prit le chemin de la maison de sa mère.

Cependant comme le fardeau était lourd, Gros-Jean ne mettait plus que péniblement un pied devant l'autre lorsqu'il rencontra un cavalier qui, frais et dispos, s'avançait sur un cheval fringant.

Ah! dit Gros-Jean à haute voix, qu'on est heureux d'être à cheval! On est là comme dans un fauteuil; on ne se heurte pas les pieds contre les pierres et l'on fait du chemin sans s'en douter.

Le cavalier qui l'avait entendu lui cria: « Eh! eh! Gros-Jean, où vas-tu ainsi à pied?

— Hélas! il faut que je porte ce fardeau; à la vérité, il est d'argent, mais il me pèse beaucoup sur l'épaule.

— Eh bien! dit le cavalier, veux-tu faire

un échange? Je te donnerais mon cheval et tu me donnerais ton fardeau.

— « De tout mon cœur, dit Gros-Jean. Mais je vous préviens que vous aurez de la peine à le porter. »

Le cavalier descendit, se chargea du sac d'argent, aida Gros-Jean à monter à cheval, lui mit la bride entre les mains et lui dit :

— « Quand tu voudras que la bête aille vite, tu feras claquer ta langue et tu crieras : hop! hop! Mais prends-y garde, ce cheval est ardent. »

Gros-Jean à cheval, était tout transporté de joie, et il s'avançait comme un grand seigneur. Bientôt il lui vint à l'esprit d'aller plus vite ; il se met à faire claquer sa langue et à crier : hop! hop! Le cheval prit le galop, et Gros-Jean, avant de pouvoir s'en douter, fut jeté à terre et se trouva tout meurtri dans le fossé de la route. Le cheval se serait échappé s'il n'eût été arrêté par un paysan qui cheminait en conduisant une vache.

Gros-Jean se remit avec peine sur ses pieds ; il était fort triste, et il dit au paysan :

— « Ma foi, c'est une sottise que de monter à cheval, surtout quand on a entre les jambes une haridelle qui rue et vous jette à terre ; mais avoir une vache, quelle différence! Parlez-moi d'une bonne vache qui marche doucement, que l'on peut suivre sans se gêner, et qui vous fournit tous les jours du lait, du beurre et du fromage. Que ne donnerais-je pour avoir une vache comme la vôtre ! »

— « Eh bien ! dit le paysan, si cela vous arrange, je veux bien vous donner ma vache pour votre cheval. »

Gros-Jean y consentit tout transporté de joie. Le paysan s'élança sur le cheval et partit au galop.

58e Leçon.

Je te donne, ma chère Sarah, une seconde récréation, et je continue bien vite.

Gros-Jean conduisait sa vache tranquillement devant lui et réfléchissait au bon marché qu'il venait de conclure. — Si j'ai faim, se disait-il, avec un morceau de pain — et je n'en manquerai jamais — je puis, aussi souvent qu'il me plaira, manger du beurre et du fromage. — Ai-je soif, je trais ma vache et je bois du lait. Que peut-on désirer de plus ?

Le soleil se levait, la chaleur était accablante, Gros-Jean était dans une bruyère qui avait encore une lieue de long. La soif lui collait la langue au gosier.

Il y a un remède à cela, se dit Gros-Jean ; je vais traire ma vache et me désaltérer. Il attacha la bête à un arbre, mit sous elle sa casquette de cuir ; mais quelques efforts qu'il fit, il n'obtint pas une goutte de lait, et comme il s'y prenait maladroitement, l'animal impatienté lui donna un coup si violent qu'il tomba à la renverse.

Un boucher vint à passer ; il charriait un porc sur une brouette.

— « Qu'est-ce que cela ? dit notre homme, et en même temps il aida Gros-Jean à se relever. Celui-ci raconta ce qui lui était arrivé. Le boucher lui présenta sa gourde en disant : — « Tenez, buvez un coup pour vous remettre. Votre vache ne vous donnera jamais de lait ; c'est une vieille bête ; elle n'est bonne qu'à traîner une charrue ou à être conduite à l'abattoir.

— « Aïe ! aïe ! dit Gros-Jean, qui aurait cru cela ? A la vérité, si l'on pouvait tuer chez soi un tel animal, on aurait une bonne provision de viande ; mais je n'aime pas la viande de vache, et puis comment la conserver ? Un beau porc comme celui-là, c'est différent : que de boudins, que de saucisses !

— « Écoutez, dit alors le boucher, parce que c'est vous, je veux bien faire un échange en vous donnant mon porc pour votre vache.

— « Grand merci, dit Gros-Jean ; puis il remit sa vache au boucher, détacha le porc de la brouette, et continua sa route chassant devant lui son nouveau compagnon de voyage.

A quelque distance, il rencontra un jeune homme qui portait sous le bras une oie blanche et grasse. Ils se dirent bonjour, et Gros-Jean se mit à raconter les excellents trocs qu'il avait faits. Le jeune homme, à son tour, lui apprit que l'oie était destinée à un repas de baptême.

— « Tenez, continua-t-il, en la prenant par les ailes, voyez comme elle est lourde ; mais aussi on l'a engraissée pendant cinq mois. Celui qui mordra dans ce rôti s'en lèchera les lèvres.

— « Oui, dit Gros-Jean, l'oie est belle ; mais mon porc n'est pas vilain non plus.

Là-dessus, le jeune homme, d'un air inquiet, tourna la tête de tous côtés, puis, d'un air soucieux, il ajouta : — Savez-vous d'où vient votre porc ? Dans le village que vous avez traversé, on en a volé un pendant la nuit dernière. Si c'était celui que vous avez, le moindre risque pour vous serait d'être jeté au cachot.

Gros-Jean trembla de tous ses membres.

— « Ah ! mon Dieu, s'écria-t-il, tirez-moi de cet embarras. Jeune homme, vous connaissez mieux les affaires que moi, prenez vite mon porc et laissez-moi l'oie.

— Il y a du danger, reprit le jeune homme, mais je ne veux pas vous laisser tomber dans l'abîme du malheur ; j'accepte.

Gros-Jean lui remit alors la corde à laquelle le porc était attaché par la patte. Le jeune homme la prit et s'éloigna dans un chemin de traverse.

59e Leçon.

Encore une récréation employée à t'écrire, ma chère sœur. J'espère donc une lettre après le goûter et la mettre à la poste avant sept heures.

« Délivré de toute inquiétude, Gros-Jean, l'oie sous le bras, reprit le chemin de la maison paternelle. En y réfléchissant bien, se disait-il, je viens de faire un marché avantageux : d'abord le bon rôti ; ensuite la quantité de graisse qui en tombera ; enfin de belles plumes blanches pour me faire un oreiller. Que ma mère sera contente !

Lorsqu'il fut au dernier village, il vit un gagne-petit qui chantait en travaillant.

— « Il paraît, lui dit Gros-Jean, que vous faites de bonnes affaires, puisque vous êtes si gai.

— « Oui, répondit le rémouleur, mon métier produit des fruits d'or. Un gagne-petit est un homme qui trouve de l'argent dans sa bourse toutes les fois qu'il en a besoin. Mais où avez-vous acheté cette belle oie ?

— « Je ne l'ai pas achetée, j'ai donné un porc en échange.

— « Et le porc ?

— « On me l'avait donné pour une vache.

— « Et la vache ?

— « On me l'avait donnée pour un cheval.

— « Et le cheval ?

— « Je l'avais troqué pour un sac d'argent.

— « Et le sac d'argent ?

— « Dame ! je l'avais gagné en servant mon maître pendant sept ans.

— « Vous avez fait de bonnes affaires, dit le gagne-petit ; mais si vous ne parvenez à trouver le moyen d'entendre tinter toujours votre argent dans votre poche, votre bonheur ne sera pas complet.

— « Et comment faut-il que je m'y prenne, dit Gros-Jean.

— « Il faut vous faire gagne-petit comme moi, et, pour cela, vous n'avez besoin que d'une meule. Précisément, en voilà une. Elle est un peu endommagée, c'est vrai, mais je ne vous demande en échange que votre oie. Acceptez-vous ?

— « En pouvez-vous douter, répondit Gros-Jean, et il lui donna l'oie.

— « Eh bien ! dit le gagne-petit, en ramassant un gros caillou qui était à ses pieds, voici encore une bonne pierre que je vous donne par-dessus le marché ; elle vous servira à redresser les vieux clous : prenez, et conservez-la précieusement.

Gros-Jean prit la pierre, l'enveloppa avec la meule dans son mouchoir et partit le cœur joyeux. Il se disait : mon bonheur m'étonne ; il est trop, oh oui ! c'est trop !

Ayant passé toute la journée sur ses jambes, il était fatigué; ses pierres lui pesaient beaucoup, et il pensa qu'il était sage de s'en débarrasser. Tout en se traînant, il arriva près d'une fontaine. Là, il voulut se reposer et se rafraîchir. Il met son paquet au bord de cette fontaine, se baisse pour boire, glisse, touche un peu les pierres et elles disparaissent au fond de l'eau.

Gros-Jean, en les voyant tomber, fut tenté de se réjouir, car son dernier souhait était exaucé, et il pouvait continuer sa route débarrassé de tout fardeau. Cependant, il commença à réfléchir, il sentit qu'il avait perdu par sa faute, en un jour, le fruit de sept années de travail; et en s'acheminant tristement vers la maison de sa mère, il portait sur le cœur un fardeau plus lourd que celui qui, le matin, chargeait son épaule.

Mes chers amis, vous le voyez, nous disait le maître, c'est un grand défaut de se dégoûter de ce que l'on possède, et de l'abandonner avant de s'assurer si ce que l'on prend n'a pas plus d'inconvénients encore. Des gens adroits profitent de ce défaut et trouvent presque toujours moyen de vous faire changer une bonne position contre une mauvaise.

J'ai bien ri, je t'assure, en entendant raconter les aventures de Gros-Jean, et je me fais une joie nouvelle en pensant au plaisir que ma lettre va te procurer.

Au revoir, ma bien chère Sarah, embrasse papa et maman pour ton frère qui t'aimera toujours.

Lettre de Mme de Maintenon à Mr d'Aubigné.

60e Leçon.

On n'est malheureux que par sa faute : ce sera toujours mon texte et ma réponse à vos lamentations. Songez, mon cher frère, au voyage d'Amérique, aux malheurs de notre père, aux malheurs de notre enfance, à ceux de notre jeunesse, et vous bénirez la Providence au lieu de murmurer contre la fortune. Il y a dix ans que nous étions bien éloignés l'un et l'autre du point où nous sommes aujourd'hui; nos espérances étaient si peu de chose que nous bornions nos vœux à trois mille livres de rente. Nous en avons à présent quatre fois plus, et nos souhaits ne seraient pas remplis! Nous jouissons de cette heureuse médiocrité que vous vantiez si fort; soyons contents. Si les biens nous viennent, recevons-les de la main de Dieu, mais n'ayons pas des vues trop vastes. Nous avons le nécessaire et le commode; tout le reste n'est que cupidité. Tous ces désirs de grandeur partent du vide d'un cœur inquiet.

Toutes vos dettes sont payées, vous pouvez vivre délicieusement sans en faire de nouvelles : que désirez-vous de plus? Faut-il que des projets de richesses et d'ambition vous coûtent la perte de votre repos et de votre santé? Lisez la *vie de St-Louis*, vous verrez combien les grandeurs de ce monde sont au-dessous des désirs de l'homme : il n'y a que Dieu qui puisse le rassasier. Je vous le répète, vous n'êtes malheureux que par votre faute. Vos inquiétudes détruisent votre santé, que vous devriez conserver, quand ce ne serait que parce que je vous aime. Travaillez sur votre humeur, si vous la rendez moins bilieuse et moins sombre, ce sera un grand point de gagné. Ce n'est point l'ouvrage de réflexions seules ; il y faut de l'exercice, de la distraction, une vie unie et réglée. Vous ne pensez pas bien tant que vous vous portez mal : lorsque le corps est dans l'abattement, l'âme est sans vigueur.

Adieu, écrivez-moi plus souvent et sur un ton moins lugubre.

Lettre d'excuse

de Mme de Sévigné à M. de Bussy.

61e Leçon.

Je me suis proposé de vous écrire afin d'assurer [illegible] [illegible] le [illegible] que une [illegible] lettre a [illegible].

On ne l'eut pas plutôt écrite que je m'en suis repentie. Il est vrai que j'étais de mauvaise humeur ; je n'ai [illegible] dont je [illegible] [illegible] vous l'écrire. Je trempai ma plume dans le fiel et cela composa une sotte lettre amère dont je vous fais mille excuses. Si vous fussiez entré une heure après dans ma chambre, nous nous fussions moqués des deux ensemble. Adieu, mon cher cousin, point de rancunes : ne nous querellons plus ; j'ai un peu de tort ; mais qui n'en a dans ce monde ? Mon très mal être de M. de ***, afin qu'il vous [illegible] si j'ai fait les maux, je fais aussi les médecines.

Lettre de M. le duc de Berry

au général Levavasseur, qui venait de perdre son fils

J'apprends avec beaucoup de peine, mon cher Levavasseur, la perte cruelle que vous venez de fair elle est du nombre des évènements pour lesquels on ne peut offrir de consolations. Si les assurances du très véritable intérêt que je prends à votre malheur, adoucissait l'amertume, vous pouvez y compter positivement. Votre pauvre fils annonçait des dispositions qui auraient fait votre bonheur. Je vous en reste un : toutes vos affections vont se concentrer sur lui; il faut espérer qu'il s'en rendra digne et vous dédommagera autant qu'il sera possible du chagrin que vous éprouvez en ce moment. Je regrette que ce soit un si triste événement qui me donne l'occasion, mon cher Larayasseur, de vous renouveler l'assurance de mon attachement et de ma parfaite estime.

Billet de Fléchier à un Ami qu'il n'avait pas trouvé chez lui.

[illegible]

combien en souvenir de ces jolies choses si elles étaient conduites par votre main ; et vous verrez que la mienne n'a sauté pas écrit un simple remerciement de toutes les humiliations que je viens de recevoir. Si elle ne sait pas exprimer une fort grande reconnaissance, elle ne sera pas l'interprète de mon cœur...

Lettre d'Excuses
de Caraccioli à un de ses Amis.

Je vous boude et vous me boudez : cela s'appelle partie et revanche. Il ne s'agit plus que de jouer le tout. Mais ferons-nous la réconcilier l'un et l'autre ? Je n'en vois rien. Des amis se brouillent-ils pour des vétilles ? Je ne présume pas. Je connais mon cœur ; je suis sûr que, s'il se considère, il ne pourrait jamais consentir à ne plus vous aimer. Il m'a grondé comme un nègre, parce que j'ai balancé deux minutes si je vous écrirais. Il m'a mis lui-même la plume à la main, et il dicte ce que je vous marque.

Lettre de Jacques Delille à l'abbé Barthélemy,
auteur de l'ouvrage : Voyage du jeune Anacharsis en Grèce

62e Leçon.

Si vous ne craigniez pas, Monsieur, d'être dégoûté d'éloges, je vous dirais que votre ouvrage m'a paru effrayant d'érudition et de connaissances, comme il m'a paru enchanteur de style et d'exécution. Avant vous on n'avait jamais imaginé qu'aucun ouvrage pût dispenser de lire Platon, Xénophon, et tous les historiens et tous les philosophes de la Grèce. Votre ouvrage, le plus beau résultat des plus profondes lectures, tient lieu de tout cela. Et un littérateur peu fortuné avait raison de dire que votre livre est une véritable économie. Il était impossible de faire de toutes ces idées et de toutes ces pensées une masse plus brillante et plus solide, et votre ouvrage m'a rappelé ce métal de Corinthe composé de tous les métaux, et plus précieux qu'eux tous. C'est le génie qui a fondu tout cela.

Les Grecs, qui savent à peine s'ils ont eu des aïeux illustres, seraient bien étonnés si on leur disait qu'un étranger a passé trente ans de sa vie à faire leurs intéressantes généalogies, et à découvrir les titres de leur gloire nationale.

On ne peut rien ajouter aux charmes de vos descriptions. Les plus grands poètes de la Grèce, ces hommes dont vous avez si dignement parlé, passent pour les premiers de ses historiens, et vous-même historien auriez, comme Platon, passé pour un de ses plus grands poètes, par vos actions dramatiques, vos caractères bien soutenus, vos images brillantes, sans de la poésie.

Les filles des Grecs regardaient comme un titre de gloire d'être nommées dans les poèmes de celui dont elles se disputaient le berceau. Jugez, Messieurs, si moi, qui occupe dans l'empire des lettres une si petite place, je dois être fier de trouver mon nom dans d'aussi magnifiques ouvrages. Il est intéressant pour toutes les classes de lecteurs; mais il acquiert un nouveau degré d'intérêt pour ceux qui ont vu les scènes des grands événements que vous décrivez. Ils ont revu les lieux mêmes aussi bien que les voyageurs les plus attentifs. En devenant citoyen d'Athènes, je m'étais flatté un moment d'être consulté par vous; je suis agréablement surpris d'être instruit par vous-mêmes de tout ce que j'avais vu. On dit que l'académie d'Athènes va être associée à celle de Paris; je rends grâces à celui par qui va s'opérer cette confraternité: je sais combien je me tiendrais honoré de la sienne, et l'inviolable attachement que je lui ai voué.

Ganganelli (Clément XIV) au comte Algarotti.

Mon cher comte,

Consolez-vous, malgré votre philosophie, de la manière que je vous vois dans le ciel; car je serais bien fâché de vous perdre de vue durant une éternité.

Vous êtes un de ces hommes rares pour l'esprit et pour le cœur, qu'on veut aimer même au delà du tombeau, quand on a l'avantage de vous connaître; et personne n'a plus de raison que moi pour se convaincre de la spiritualité de l'âme et de son immortalité. Les années coulent pour les philosophes comme pour les ignorants; et ce qui doit en être le terme ne peut qu'occuper un homme qui pense.

Avouez que je sais accommoder les sermons de manière à ne pas effaroucher un bel esprit, et que si l'on prêchait aussi brièvement, aussi amicalement, vous entendrez parfois le prédicateur; mais il ne suffit pas d'écouter; il faut que elle passe dans le cœur; qu'elle y germe; et que ce tout aimable Algarotti devienne aussi bon chrétien qu'il est bon philosophe: alors il serait doublement son serviteur de son âme.

Lettre sur la Mort d'une Mère.

63e Leçon.

Mes larmes n'étaient que trop fondées: cette tendre mère, cette amie de tous les temps, cette femme rare qui a goûté par son siècle sur tout les vertus du premier âge, cette digne compagne de mon vénérable père, elle n'est plus. Je l'ai embrassée pour la dernière fois, à cinq heures du matin [illegible] sans qu'elle ait pu me voir ni m'entendre. Elle a rendu à Dieu son âme pure et chrétienne, après soixante-dix ans d'une vie exemplaire. Vous jugez, mon cher ami, combien elle m'aimait [illegible] dans mon cœur.

Je rends grâce à la providence de m'avoir fait naître d'elle, et je lui demande de la laisser me rejoindre à elle au jour [illegible]. Toute sa maladie a été une suite de résignation [illegible] les impressions de religion, de foi, d'amour, d'espérance, qui l'ont soutenue jusqu'à son dernier soupir! Non, [illegible] la grâce naturelle de sa figure: les signes de sa prédestination éternelle étaient sur son front.

Ducis.

Fénelon à Mme Roujault.

Il demande à cette dame sa protection pour un de ses amis.

A Cambrai, 24 avril 1710.

Je vous supplie, Madame, de me permettre de vous demander une grâce, qui n'est qu'une continuation de celle que j'ai déjà reçue. Vous avez eu la bonté de protéger le sieur Roveillière auprès de M. Desmarets, qui voulut bien lui accorder un emploi de la manière la plus obligeante [illegible] dans les circonstances. J'espère que vous voudrez bien lui continuer votre [illegible] en le faisant maintenir cette même personne dans sa commission. [illegible] qu'il fait son devoir avec une exactitude et une probité reconnues. Je crains que certains changements arrivés ne l'exposent à perdre sa place, s'il n'a recours à la protection de ses [illegible]. Vous ne devez pas être étonnée, Madame, de me voir si rempli de confiance dans une affaire où j'ai déjà tant de preuves de votre bonté et de celle de monsieur votre père. Si vous lui recommandez encore une fois les intérêts de l'homme qu'il a placé d'une manière si gracieuse et si touchante, je ne doute point qu'il ne lui fasse sentir les effets d'une protection continuée. Je ne saurais finir cette lettre sans vous dire, Madame, que toutes vos attentions et toutes celles de [illegible] n'ajoutent pas aux personnes qui me sont chères, ne me dédommagent nullement de ce que j'ai perdu quand vous êtes partie de ce pays. Je ne saurais [illegible] ressentir si vivement cette perte; et l'unique chose qui peut m'en consoler, c'est la permission que vous m'honorez toujours de l'un et l'autre d'une sincère bienveillance.

Jugez par là, Madame, avec quel zèle je serai toujours dévoué

Votre, etc..

Lettre sur l'Italie.

Au Sommet du Vésuve,

A la lueur d'une éruption, à minuit.

64e. Leçon.

J'ai tracé ces deux lignes sur le sommet du Vésuve, à la lueur d'une éruption.

C'est comme une médaille que j'ai frappée pour constater mon voyage; pour rappeler un jour à ceux de mes enfants qui viendraient visiter aussi cet admirable incendie, ce moment de la vie de leur père; pour embellir encore à leurs yeux, de ce souvenir, un tableau si magnifique.

Arrivé vers les six heures du soir à Résina, petit village au-delà de Portici, je quitte la voiture qui m'a conduit et je monte sur un mulet. Trois hommes robustes m'accompagnent avec une provision de flambeaux.

Je commence par monter entre deux champs couverts de peupliers, de mûriers, de figuiers entrelacés de vignes souples et vigoureuses, qui tantôt s'appuient et se suspendent à ces arbres, tantôt montent et se soutiennent d'elles-mêmes au milieu des airs.

Après avoir traversé pendant une heure de beaux vergers, j'arrive à une lave immense.

Le Vésuve la vomit dans une éruption, il y a environ soixante ans.

Elle fit pâlir toute la ville de Naples. Mais après l'avoir menacée un moment, elle s'arrêta là.

Quoiqu'arrêtée et éteinte, elle effraye encore et menace.

Les bords de cette lave sont tapissés, comme les bords de la Loire, de gazons et de fleurs, et ombragés çà et là de jeunes arbustes qu'une cendre féconde arrose, pour ainsi dire, et nourrit toujours.

Après avoir suivi quelque temps un sentier très-difficile, je me trouvai sur des rochers affreux, au milieu de la cendre mouvante.

Là, la terre cesse pour le pied des animaux, mais non pas pour celui de l'homme, qui a trouvé presque toutes les bornes que lui avait prescrites la nature, et souvent les a franchies.

Là il fallut gravir péniblement des monceaux de scories qui s'écroulaient sous mes pas.

Je m'arrêtai un moment pour contempler.

Devant moi les ombres de la nuit et les nuages s'épaississaient de la fumée du volcan, et flottaient autour du mont; derrière moi, le soleil précipité au delà des montagnes, couvrait de ses rayons mourants la côte de Pausilippe, Naples et la mer; tandis que sur l'île de Caprée la lune à l'horizon s'avançait, de sorte qu'en cet instant je voyais les flots de la mer étinceler à la fois des clartés du soleil, de la lune et du Vésuve. Le beau tableau!

Lorsque j'eus contemplé cette obscurité et cette splendeur, cette nature affreuse, stérile, abandonnée, et cette nature riante, animée, féconde, l'empire de la mort et celui de la vie, je me jetai à travers les nuages, et je continuai à gravir. — Je parvins enfin au cratère.

C'est donc là ce formidable volcan qui brûle depuis tant de siècles, qui a submergé tant de cités, qui a consumé des peuples, qui menace à toute heure cette verte contrée, cette Naples, où dans ce moment on rit, on chante, on danse, on ne pense seulement pas à lui. Quelle lueur autour de ce cratère! quelle fournaise ardente au milieu! D'abord, ce brûlant abîme gronde; déjà il vomit dans les airs avec un épouvantable fracas, à travers une pluie épaisse de cendres, une immense gerbe de feux : ce sont des millions d'étincelles; ce sont des milliers de pierres que leur couleur noire fait distinguer, qui sifflent, tombent, retombent, roulent; en voilà une qui roule à cent pas de moi. L'abîme tout à coup se referme; puis tout à coup il se rouvre, et vomit encore un autre incendie : cependant la lave s'élève sur les bords du cratère; elle se gonfle, elle bouillonne, coule... et sillonne en longs ruisseaux de feu, les flancs noirs de la montagne.

J'étais vraiment en extase. Ce désert! cette hauteur! cette nuit! ce mont enflammé! Et j'étais là!

J'aurais voulu passer la nuit auprès de cet incendie, et voir le soleil, à son retour, l'éteindre de ses rayons éblouissants.

Mais le vent qui soufflait avec impétuosité m'avait déjà glacé, je descendis; avec quel chagrin, il en coûte de détacher, d'un pareil tableau, le regard qui sera le dernier.

Adieu Vésuve, adieu lave, adieu flamme dont resplendit et se couronne ce profond abîme : adieu, enfin, mont si redoutable et si peu redouté. J'en dois témoigner, dans tes cendres, ni ces châteaux, ni ces villages, ni cette ville que ce ne soit pas du moins dans le moment où mes enfants y seront.

Mes guides avaient allumé leurs flambeaux. Je descendis, ou plutôt je roulai, enfoncé dans la cendre jusqu'à mi-jambe : je roulai si vite (on ne peut faire autrement), que je ne mis guère qu'une demi-heure à descendre un espace que j'avais mis plus de trois heures à gravir. Un de mes souliers, déchiré en mille pièces, m'abandonna à moitié chemin ; l'autre à l'endroit où j'avais quitté les mulets.

En descendant, je rencontrai des anglais qui montaient au cratère ; nous nous arrêtâmes. nous parlâmes du Vésuve ; nous troublâmes un moment, de la clarté de nos flambeaux, la nuit étendue sur ce fleuve de lave, et du son de nos voix ce profond silence.

Nous nous dîmes adieu, et je poursuivis ma route. Enfin j'arrivai à Portici bien harassé ; je me couchai, en arrivant, et dormis d'un profond sommeil.

Mais à six heures du matin je me réveillai, en retrouvant le sommet du Vésuve, et son cratère, et son incendie, et sa lave devant mon imagination. Mon âme frémissait encore de toutes les émotions qu'elle avait éprouvées la veille.

L'éruption du Vésuve est un de ces spectacles que ni le pinceau, ni la parole ne sauraient reproduire, et que la nature semble s'être réservé de montrer seule à l'admiration de l'homme, comme le lever du soleil, comme l'immensité des mers.

Dupaty.

Lettre de Fontenelle à Pierre-le-Grand,

élu membre honoraire de l'Académie des Sciences de Paris.

65e Leçon.

Sire,

L'honneur que votre Majesté fait à l'académie royale des sciences, de vouloir bien que son auguste nom soit mis à la tête de sa liste, est infiniment au-dessus des idées les plus ambitieuses qu'elle eût pu concevoir, et de toutes les actions de grâces que je suis chargé de vous en rendre. Ce grand nom, qu'il nous est presque permis de compter parmi les nôtres, marquera éternellement l'époque de la plus heureuse révolution qui puisse arriver à un empire, celle de l'établissement des sciences et des arts dans les vastes pays de la domination de votre majesté. La victoire que vous remportez, Sire, sur la barbarie qui y régnait sera la plus éclatante et la plus singulière de toutes vos victoires. Vous vous êtes fait, ainsi que d'autres héros, de nouveaux sujets par les armes;

mais de ceux que la naissance vous avait soumis, vous vous en êtes fait, par les connaissances qu'ils tiennent de vous, des sujets tout nouveaux, plus éclairés, plus heureux, plus dignes de vous obéir. Vous les avez conquis aux sciences ; et cette espèce de conquête, aussi utile pour eux que glorieuse pour vous, vous était réservée. Si l'exécution de ce grand dessein conçu par votre majesté, s'attire les applaudissements de toute la terre, avec quels transports de joie l'académie doit-elle y mêler les siens, et par l'intérêt des sciences qui l'occupent et par celui de votre gloire, dont elle peut se flatter désormais qu'il rejaillira quelque chose sur elle.

Lettre d'un Ecrivain
à une Demoiselle de Lyon,
qui le consultait sur les ouvrages qu'elle devait lire.

Je ne suis, Mademoiselle, qu'un vieux malade, et il faut que mon état soit bien douloureux puisque je n'ai pu répondre plutôt à la lettre dont vous m'honorez.

Vous me demandez des conseils, il ne vous en faut point d'autres que votre goût. Je vous invite à ne lire que les ouvrages qui sont depuis longtemps en possession des suffrages du public, et dont la réputation n'est point équivoque. Il y en a peu, mais on profite bien davantage en les lisant, qu'avec tous les mauvais petits livres dont nous sommes inondés. Les bons auteurs n'ont de l'esprit qu'autant qu'il en faut, ne le cherchent jamais, pensent avec bon sens, et s'expriment avec clarté. Il semble qu'on n'écrive plus qu'en énigmes; rien n'est simple, tout est affecté: on s'éloigne en tout de la nature, on a le malheur de vouloir faire mieux que nos maîtres. — Tenez-vous en, mademoiselle, à tout ce qui plaît en eux. La moindre affectation est un vice. Les Italiens n'ont dégénéré, après le Tasse et l'Arioste, que parce qu'ils ont voulu avoir trop d'esprit; et les Français sont dans le même cas. Voyez avec quel naturel Mme de Sévigné et d'autres dames écrivent ! — Vous verrez que nos bons écrivains, Fénelon, Racine, Bossuet, Despréaux employaient toujours le mot propre. On s'accoutume à bien parler en lisant souvent ceux qui ont bien écrit; on se fait une habitude d'exprimer simplement et noblement sa pensée sans effort. Ce n'est point une étude; il n'en coûte aucune peine de lire ce qui est bon, et de ne lire que cela. On n'a de maître que son plaisir et son goût.

Pardonnez, mademoiselle, à ces longues réflexions, ne les attribuez qu'à mon obéissance à vos ordres.

Lettre originale
d'un petit Douillet à sa Mère.
66e. Leçon

Ah! Maman Maman! je n'en puis plus; j'ai les doigts criblés d'engelures, elles saignent, elles cuisent, je ne puis plus ni écrire, ni jouer du piano, ni jouer à rien ...

Cet esprit de sel avec quoi on les panse, est une drogue infernale. Je n'en puis plus, j'en mourrai... Maudit hiver! maudites engelures! Je souffre autant de ce qui démange que de ce qui cuit... Maman, y a-t-il quelque chose de plus cruel que ce vilain mal? Je ne le crois pas. Je sens que je dois être bien désagréable à soigner; car je crie, je pleure, je trépigne, je fais l'enfant ou plutôt le diable. Mais quoi, la douleur est extrême et quand j'ôte mes gants, j'enlève ma peau: je deviendrai fou, si cela dure. Nous ne sommes qu'en janvier... D'ici au printemps c'est un siècle... Mon Dieu! mon Dieu! Que je suis donc à plaindre!... Pardon, Maman, je dois vous faire pitié...

Réponse de la Mère.

Je te plains, mon cher fils, d'avoir des engelures qui te font tant souffrir. Je voudrais bien qu'il fût possible d'adoucir tes maux; mais je n'y connais d'autre remède que le courage et la patience pour les supporter. Je vois avec peine que ces deux vertus te manquent au point de ne pouvoir te laisser panser sans faire un peu le diable. Tu viens de me raconter tes sottises avec franchise. J'aimerais mieux cependant que tu les sentisses au point de te corriger, et de n'avoir plus à m'en parler. D'ailleurs, c'est fort mal reconnaître les bontés de Mme B... pour toi que de doubler, par tes impatiences déplacées, les soins et les peines qu'elle peut bien prendre et qu'elle ne te doit point. Et puis, ne va pas t'imaginer que des engelures soient un mal insupportable ; tu serais bien heureux, mon pauvre enfant, si dans le cours de ta vie tu n'en éprouvais jamais de plus grand ! Il faut donc mettre tout ton amour-propre à souffrir sans te plaindre ; tu n'aurais pas l'air alors d'un enfant gâté que le moindre petit bobo fait pleurer.

Adieu, montre du courage et de la docilité, et tu ne me feras plus pitié.

Lettre de Mme de Maintenon à Mme de la Maisonfort.

67e Leçon.

Il ne vous est pas mauvais de vous trouver dans les troubles d'esprit ; vous en serez plus humble, et vous sentirez par votre expérience que nous ne trouvons nulle ressource en nous, quelque esprit que nous ayons. Vous ne serez jamais contente, ma chère fille, que lorsque vous aimerez Dieu de tout votre cœur : ce que je ne dis pas par rapport à la profession où vous vous êtes engagée. Salomon vous a dit, il y a longtemps, qu'après avoir cherché, trouvé et goûté de tous les plaisirs,

il confessait que tout n'est que
vanité et affliction d'esprit,
hors aimer Dieu et le servir.
Que ne puis-je vous donner
toute mon expérience ! que
ne puis-je vous faire voir
l'ennui qui dévore les grands,
et la peine qu'ils ont à remplir leurs journées ! Ne voyez-
vous pas que je meurs de
tristesse dans une fortune
qu'on aurait eu peine à
imaginer, et qu'il n'y a que
le secours de Dieu qui m'empêche d'y succomber ? J'ai
été jeune et jolie, j'ai
goûté des plaisirs, j'ai été
aimée partout ; dans un
âge un peu avancé, j'ai
passé des journées dans
le commerce de l'esprit, je
suis venue à la faveur ; et
je vous proteste, ma chère
fille, que tous les états
laissent un vide affreux,
une inquiétude, une lassitude,
une envie de connaître autre
chose, parce qu'en tout cela
rien ne satisfait entièrement.
On n'est en repos que lorsqu'on s'est donné à Dieu,
mais avec cette volonté
déterminée dont je vous
parle quelquefois ; alors
on sent qu'il n'y a plus
rien à chercher,
qu'on est arrivé à
ce qui est bon sur la

terre ; on a des chagrins, mais on a aussi une solide consolation, et la paix au fond du cœur, au milieu des plus grandes peines.

Lettre d'un jeune Enseigne de Vaisseau à sa Mère.

Ma mère chérie,

Notre vaisseau va appareiller dans deux heures ; bientôt nous serons éloignés pour longtemps l'un de l'autre. Que te dire en ces moments suprêmes ? Quels adieux pourrais-je t'adresser qui ne fussent l'expression et l'assurance de ma tendresse et de ma profonde reconnaissance pour toutes les soins dont tu m'as comblé ? Plus que jamais je sens tout ce que cette séparation a de pénible ; jusqu'à présent les apprêts du départ m'avaient distrait de ma douleur ; mais à présent, c'est uniquement à toi que je pense. Oh ! chère mère, que ne donnerais-je pas pour t'embrasser une fois encore ! Puisque cela m'est impossible, je veux du moins te dire que, si loin de toi que je sois, je te verrai sans cesse près de ta petite table ; ton ouvrage est tombé de tes mains, tu penses que dans quelques instants ton enfant sera plus éloigné que jamais, et une larme ! pourquoi cela ? Crains-tu donc que je t'oublie ? Chaque courrier t'apportera des volumes ; je veux te raconter ma vie jour par jour, et ma conduite te dira que je n'ai jamais rien à te cacher. Sois bien assurée que ta pensée ne me quittera pas un seul instant, et qu'elle me servira de guide et de conductrice.

Placet presenté à Louis XIV par Mme Fouquet, le jour anniversaire de la naissance de Sa Majesté

68e. Leçon

Votre Majesté me voit encore importune: toujours des placets! toujours des besoins! toujours des importunités! Je ne me lasserai point que Votre Majesté ne m'accorde les grâces du plus malheureux de ses sujets. Il y a aujourd'hui un an que Votre Majesté fit tomber sur lui les premiers effets de sa colère: c'est un triste souvenir pour moi; mais il y a précisément aujourd'hui vingt-quatre ans que le ciel fit un miracle, en nous donnant Votre Majesté: c'est un souvenir plein de sa [illegible] de joie. Ce jour, Sire, est trop heureux pour toute la terre, il ne saurait être funeste pour nous; il est fait pour nous pardonner, et non pour punir.

Placet de Dufresni au duc d'Orléans, Régent du Royaume

Monseigneur.

[illegible]

www.ingramcontent.com/pod-product-compliance
Lightning Source LLC
LaVergne TN
LVHW012017220826
846092LV00001B/389